青花瓷文物
高光谱遥感鉴别方法及其应用

赵恒谦 ◎ 著

西南交通大学出版社
·成 都·

内容简介

针对传统的瓷器鉴别方法如目鉴法或传统化学仪器分析方法在鉴别瓷器过程中依赖专家经验知识、易对文物造成损伤等问题，本书引入高光谱遥感技术和人工智能算法，开展了青花瓷文物遥感鉴别研究。全书内容包括 6 章：第 1 章介绍了青花瓷遥感鉴别年代分类进展，第 2 章对瓷器与青花瓷的起源、发展及鉴别进行了叙述，第 3 章分析研究对真彩色的青花瓷图像进行年代分类鉴别，第 4 章重点研究了利用地物光谱仪得到的点光谱数据来对青花瓷进行年代分类鉴别，第 5 章在前两章的基础上利用成像光谱数据进行空谱联合的青花瓷年代分类鉴别，第 6 章对提出的青花瓷遥感鉴别方法进行实践与应用。

本书主要供从事青花瓷文物鉴别、遥感分类模型算法、高光谱遥感应用等研究的科研人员，以及青花瓷文物爱好者借鉴参考。

图书在版编目（CIP）数据

青花瓷文物高光谱遥感鉴别方法及其应用 / 赵恒谦著. -- 成都：西南交通大学出版社，2024.4
ISBN 978-7-5643-9633-6

Ⅰ. ①青… Ⅱ. ①赵… Ⅲ. ①光谱分辨率 – 光学遥感 – 应用 – 青花瓷（考古）– 文物 – 鉴定 Ⅳ. ①K854.2-39

中国国家版本馆 CIP 数据核字（2023）第 240189 号

Qinghuaci Wenwu Gaoguangpu Yaogan Jianbie Fangfa ji Qi Yingyong
青花瓷文物高光谱遥感鉴别方法及其应用

赵恒谦 著

责 任 编 辑	牛　君
封 面 设 计	原谋书装
出 版 发 行	西南交通大学出版社
	（四川省成都市金牛区二环路北一段 111 号
	西南交通大学创新大厦 21 楼）
营销部电话	028-87600564　028-87600533
邮 政 编 码	610031
网　　　址	http://www.xnjdcbs.com
印　　　刷	四川玖艺呈现印刷有限公司
成 品 尺 寸	170 mm × 230 mm
印　　　张	12.5
插　　　页	8
字　　　数	202 千
版　　　次	2024 年 4 月第 1 版
印　　　次	2024 年 4 月第 1 次
书　　　号	ISBN 978-7-5643-9633-6
定　　　价	68.00 元

图书如有印装质量问题　本社负责退换
版权所有　盗版必究　举报电话：028-87600562

前　言

青花瓷是中国陶瓷发展史上影响最大、成就最高的陶瓷品种之一。现有的考古资料表明，我国青花瓷的起源最早可追溯到唐代，至元代青花瓷已开始在景德镇大量生产。随着景德镇窑的崛起，青花瓷的影响已波及全国各地，明代开始已成为瓷器生产的主流品种，并大量外销至亚、非、欧美各国。由于青花瓷特殊的地位和影响，青花瓷的研究，尤其是历代景德镇青花瓷的断代研究，同时具有较高的学术价值和社会经济价值，一直是人们关注的焦点。

不同年代的青花瓷仅依靠外观很难区分，尤其瓷器碎片难以提供完整器型和整体绘画风格等信息，对经验丰富的专业人员来说也有较大难度。如何科学而又准确地区分不同年代的青花瓷并了解它们的制造工艺，是古陶瓷研究者们极感兴趣的问题，国内学者自 20 世纪 50 年代开始对青花瓷的胎、釉及青花料开展研究，系统地分析和讨论了景德镇历代青花瓷的特色以及原料来源等。由于制瓷配方、原料来源和精制等方面的变化等原因，不同时期的青花瓷的胎、釉以及青花料形成了各阶段不同的元素组成模式。在此基础上一些研究人员通过对青花瓷残片样本的瓷胎或瓷釉化学组成进行多元统计分析，对青花瓷的产地及大致历史时期进行了较成功的判别研究。但是，传统化学元素分析方法对测试样品有破坏作用，而青花瓷研究样本较为稀缺珍贵，这一矛盾严重阻碍了研究工作的开展和深入。同时，以往的断代研究主要依据瓷胎或釉当中元素组成的变化，关于青花料的研究相对较少。

近年来，以高光谱技术为代表的遥感技术逐渐在文物保护领域推广应用，给青花瓷研究提供了新的契机。传统有损测试的分析结果只局限于测试点或取样点，而不能得出未经测试或取样部位的信息。遥感技术具有测量速度快和对文物无损伤的特点，能同时提供待测物的影像和光谱信息，并根据不同物质的光谱特征对目标物进行识别和分类。因此，遥感技术在文物分析领域具有广阔的应用前景，并已经被应用于壁画、古字画的信息提取和虚拟修复领域。

本书系统总结了作者近年来在青花瓷遥感分类领域的研究成果，重点对建立基于真彩色图像数据的景德镇青花瓷分类模型、建立基于非成像数据的景德镇青花瓷分类模型、建立基于成像光谱数据的景德镇青花瓷分类模型进行了深度的研究与讨论。本书共分六章，内容包括青花瓷的介绍，分类研究方法及其应用。第一章简要介绍了青花瓷鉴别的发展、深度学习方法的研究以及高光谱遥感数据特征挖掘的进展。第二章详细探讨了瓷器的历史与发展，以及青花瓷的起源和发展，同时介绍了专家和文物爱好者对青花瓷的鉴别方法。第三章基于网络爬虫获取的青花瓷图像，运用迁移学习方法对景德镇青花瓷进行分类研究。第四章则聚焦于利用点光谱数据对青花瓷进行年代分类鉴别，包括逐步判别分析、竞争自适应性重采样、连续小波变换等方法，并结合随机森林算法和长短时记忆人工神经网络算法进行分类。第五章利用 DS 证据理论融合青花瓷成像光谱数据的空间和光谱信息，对景德镇青花瓷进行年代分类研究。

第六章则应用提出的青花瓷遥感鉴别方法开发了青花瓷年代分类助手，以便文物爱好者或专家更便捷地对青花瓷进行鉴别分类。

本书的研究内容受到国家自然科学基金（41701488）、国家重点研发计划（2023YFF0906701）、山东省文化遗产保护与科技考古开放基金（SKLCHCAS202201）等项目的资助。项目研究过程中受到各方研究人员的大力支持，在这里向他们表示由衷的感谢。

本书由中国矿业大学（北京）赵恒谦撰写。本书的成果得益于参加项目的研究生胡志恒、唐广龙、刘哿、刘帅、郑秋实、卢峥朴，本科生张瑞彬、郭丽、吴瑞翔、高振、肖珂珂等同学辛勤的工作，在此向他们表示衷心的感谢。

本书的部分成果已经发表在国内外刊物。在本书写作过程中引用了大量国内外优秀的研究论文、网站资料等，在此表示由衷的感谢。虽然作者想在参考文献中全部标明文献的出处，但是难免有所疏漏，恳请各位研究人员、相关同行谅解。

由于作者水平有限，书中难免存在疏漏与不足之处，敬请读者、专家、同行批评指正。

作 者

2023 年 4 月

目 录

1 绪 论
1.1 遥感青花瓷鉴别研究背景 …………………………001
1.2 遥感青花瓷鉴别研究意义 …………………………003
1.3 遥感青花瓷鉴别研究进展 …………………………005
1.4 遥感青花瓷鉴别面临的挑战 ………………………013

2 认识青花瓷
2.1 瓷器的起源与发展 …………………………………017
2.2 青花瓷的起源与发展 ………………………………042
2.3 青花瓷的鉴别 ………………………………………049

3 基于真彩色图像的景德镇青花瓷鉴别分类
3.1 基于网络爬虫获取青花瓷真彩色图像数据集 ……054
3.2 图像分类经典网络模型 ……………………………064
3.3 基于迁移学习的青花瓷年代分类模型 ……………071
3.4 小 结 ………………………………………………084

4 基于地物光谱仪的青花瓷鉴别分类
4.1 实验仪器及数据获取 ………………………………085
4.2 青花瓷光谱特征分析 ………………………………092

  4.3 基于地物光谱仪的特征挖掘方法 ……………………………… 098

  4.4 基于地物光谱仪的分类方法 …………………………………… 116

  4.5 基于地物光谱仪的分类精度分析 ……………………………… 122

  4.6 小 结 …………………………………………………………… 131

5 基于成像光谱仪的景德镇青花瓷鉴别分类

  5.1 实验仪器与数据获取 …………………………………………… 133

  5.2 基于空间维的景德镇青花瓷年代分类 ………………………… 142

  5.3 基于光谱维的景德镇青花瓷年代分类 ………………………… 150

  5.4 基于空谱联合的景德镇青花瓷年代分类 ……………………… 154

  5.5 小 结 …………………………………………………………… 160

6 青花瓷鉴别的实践与应用

  6.1 遥感青花-古玩助手 ……………………………………………… 163

  6.2 青花瓷鉴别案例分析——判别青花瓷年代 …………………… 174

  6.3 青花瓷鉴别一体化开发前景 …………………………………… 179

参考文献 ……………………………………………………………………… 181

附录 本书部分彩图 ………………………………………………………… 193

1 绪 论

1.1 遥感青花瓷鉴别研究背景

青花瓷是中国陶瓷发展史上影响最大、成就最高的陶瓷品种之一。青花瓷发展有悠久的历史，由唐代至清末，历朝历代传世和出土总数数不胜数。与此同时，时代、青料、工艺、产地的差异使得青花瓷的面貌和风格迥异。考古发现的数据表明，中国最早的青花瓷生产于唐代（618—907年）；然而，直到元代（1271—1368年）末，生产方法才真正走向成熟（赵恒谦等，2019）。由于阿拉伯地区对青花瓷的需求量很大，加上波斯进口钴颜料的供应，景德镇青花瓷的生产规模明显扩大。在明清两代（1368—1911年），青花瓷的生产得到蓬勃发展。同时因为景德镇在原料的开发和精选加工、釉配方的改进、成形技术、施釉方法以及烧成与彩饰等一系列瓷器烧造工艺过程都有着显著的创新和改革，中国古陶瓷发展结束了自唐代以来瓷器装饰仅在釉色上追求仿玉类银的历史局面，开始步入色釉与彩绘瓷器并重，以彩瓷生产更为突出的新时代。青花瓷是中国瓷器的主流品种，由于其特别的地位和影响力，对青花瓷的研究，特别是历代景德镇青花瓷的年代分类研究，在学术和社会经济上都有着较高的研究价值。

不同年代的青花瓷仅借助外形难以区别，特别是在陶器残片无法给予详细器型与整体作品风格等相关信息，对阅历丰富的专业人士来说也存在一定难度。如何科学又很精确地区分不一样年代青花瓷，充分了解它们的加工工艺，是古瓷器研究者们极感兴趣的难题（赵恒谦等，2019）。国内专家学者自 20 世纪 50 年代开始对青花瓷的胎、釉及青花料开展研

究，系统地分析与探讨了景德镇历代青花瓷的特点及其原料来源等。由于制陶秘方、原料的源头和特制等方面转变等因素，不同阶段的青花瓷的胎、釉及青花料构成了各个阶段不同类型的物质组成方式。在此基础上，一些研究人员根据对青花瓷碎片样板的胎土或釉面化学组成开展多元统计分析，对青花瓷的产区及大概历史阶段进行了较成功的辨别研究（吴隽等，1998）。

目前仅凭借经验鉴定青花瓷制作年代，即使用目鉴法或传统化学仪器分析方法都存在各自的弱点。目鉴法就是传统的目测手试方法，主要鉴定途径是依靠鉴定者的眼力和手感，这就要求鉴定者不仅对青花瓷发展史有全面的了解，还要在青花瓷的鉴定上有丰富的经验。而传统的化学仪器分析方法，例如近年来，激光拉曼光谱法、激光诱导击穿光谱法、X射线衍射分析等分析技术已经被逐渐用于彩绘文物、颜料文物的研究和分析中，但这些技术均会对文物造成微损，不能满足研究文物的无损要求，而青花瓷研究样本比较稀有宝贵，这一矛盾严重限制了研究相关工作的开展和深入。与此同时，以往断代研究主要依据胎土或釉中物质组成的改变，有关青花料的研究比较少。

高光谱遥感是遥感的一个特定领域，兴起于20世纪80年代，当时两个截然不同的技术领域融合在一起：光谱学和遥感，开创了一个全新的领域——"高光谱遥感"或"成像光谱"。高光谱传感器记录的数据具有三维结构，也称数据立方体或立方体。前两个维度是空间维度，而第三个维度是光谱维度。如果我们选择一个像素向量并将其绘制为相应波长的函数，结果是像素地面区域中覆盖的所有材料与物体的平均光谱特征。不同的材料/物体以不同的比例反射和发射电磁辐射，对于每种材料物体，来自表面的反射光以独特的方式相互作用，通过高光谱图像对其进行量化和记录。这种反射光与物体相互作用的结果称为光谱特征，被认为是每个物体的光谱"指纹"。高光谱遥感中的大多数方法和技术基于成像光谱仪记录的详细光谱特征。虽然高光谱技术已大量应用于很多领域和很多材料的成分鉴别，但针对青花瓷进行定性分类鉴别的研究比较少，因此其在青花瓷的定性鉴别中有很大的潜力及应用价值。

  近年来，以高光谱技术为代表的高质量测试标准慢慢在古建筑保护行业推广，给青花瓷研究带来了新的机会。传统方法不利于测试分析数据，只限于测试用例或取样点，而无法得到没经检测或抽样位置的信息内容。高光谱技术具备测试速度快、对珍贵文物无损伤的特征，可以同时给出待测物影像和光谱信息，并针对不同物质光谱特征对目标物开展识别归类（武锋强等，2014）。因而，高光谱技术应用于珍贵文物剖析行业具备辽阔的市场前景，并早已被用于壁画、古字画的数据抓取和虚拟修补行业（巩梦婷等，2014）。现阶段，选用高光谱技术指标分析陶器文物的研究成果不多。有学者利用地面光谱仪采集了不同年代景德镇青花瓷胎釉及青花料的反射率光谱，获取青花瓷典型光谱特征和光谱特征参数，对各代青花瓷光谱特征变化趋势以及缘故进行剖析，验证了高光谱技术应用于青花瓷断代研究中的发展潜力，讨论高光谱技术在青花瓷断代研究中的运用发展潜力（赵恒谦等，2019）。

  人类进程中沉淀了无数宝贵的文化遗产。保护文化遗产既是维护世界文化多样性，传承人类文明的前提，也是人类的责任。青花瓷作为我国具有特色的物质文化遗产，对青花瓷的保护和研究刻不容缓。由于青花瓷文物的稀缺性和不可再生性，探索和应用现代无损分析技术对青花瓷文物的研究和保护具有十分重要的意义。在此背景下，通过使用高光谱遥感技术对景德镇青花瓷年代进行分类研究，具有无损分析、测量速度快的优点，可以有效地解决传统文物保护中的效率与准确度的问题，同时也可以为我国不同年代景德镇青花瓷的分类研究提供新的思路和技术支持。

1.2　遥感青花瓷鉴别研究意义

  我国历史源远流长，文物遗存丰富，其中古陶瓷类文物种类繁多，工艺精湛，文化内涵丰富，具有极高的科学研究价值。成熟的青花瓷出现在元代景德镇，明清时期是青花瓷发展的主流。对青花瓷器文物的研究不仅可以反映当时的社会文化，更是对传统文化的一种传承与保护。采集青花瓷文物图像并对其进行预处理，便于后续对不同年代的青花瓷文物进行分类。对不同年代的青花瓷文物的分类离不开深度学习，同时深度学习模型结构复杂，利用其进行图像分类需要庞大的数据量，图像数据集的规模和质量直接影响模型的效果，利用网络爬虫技术批量下载博物馆官方提供的青花瓷文物图像可以大大提高数据获取的效率，并且可以达到无损鉴别青花瓷年代的目的。

历代景德镇青花瓷的年代分类研究，在学术和社会经济上都有着较高的研究价值，高光谱技术具有的非接触、无损等优势是其他化学分析手段所不具备的。以不同年代景德镇青花瓷为研究对象，应用线性判别分析提取的对青花料种类、年代信息敏感的典型光谱特征进行模型构建，使用逐步判别分析和竞争自适应重加权采样进行特征选择，同时使用连续小波变化和基于光谱特征参量的方法进行特征提取，然后结合随机森林算法和长短时记忆人工神经网络算法对不同年代景德镇青花瓷进行分类。在控制优选特征个数相同的情况下，逐步判别分析结合长短时记忆人工神经网络算法是所有分类方法中精度最高的组合，结果证明使用高光谱技术对不同年代景德镇青花瓷进行年代判别具有可行性。

本书基于构建的算法模型研发了微信小程序进行青花瓷器年代判别，可以初步判别青花瓷器的年代，达到快速、便捷判别青花瓷年代的目的，具有快捷方便的特点，容易推广普及。

此外，习近平总书记在二十大报告中提出，推进文化自信自强，铸就社会主义文化新辉煌。习近平指出，全面建设社会主义现代化国家，必须坚持中国特色社会主义文化发展道路，增强文化自信，围绕举旗帜、聚民心、育新人、兴文化、展形象建设社会主义文化强国，发展面向现代化、面向世界、面向未来的，民族的科学的大众的社会主义文化，激

发全民族文化创新创造活力，增强实现中华民族伟大复兴的精神力量。本书积极响应党的号召，为我国青花瓷文物文化的推动奠定坚实基础。

习近平总书记在 2019 年 8 月 19 日敦煌研究院座谈时谈到关于文物工作重要论述和指示批示精神内涵丰富，涉及保护、管理、传承、利用等一系列根本问题，为确立新时代文物工作方针奠定了理论和实践基础。党的二十大站在推进文化自信自强、实现中华民族伟大复兴的战略高度，从多个方面对加强文物保护利用做出部署。2022 年 7 月 22 日，全国文物工作会议在北京胜利召开，确立"保护第一、加强管理、挖掘价值、有效利用、让文物活起来"的新时代文物工作方针。全国文物系统遵循的方针，狠抓基础、拓展格局，文物保护管理切实加强，文物研究阐释成果丰硕，文物展示利用积极拓展，文物工作队伍不断壮大，让文物活起来蔚然成风。

2022 年，《中华人民共和国文物保护法》修订取得重大进展，《"十四五"文物保护和科技创新规划》稳步实施，全国文物建筑预防性保护试点工作顺利推进，廊桥、壁画彩塑保护行动计划制订，为文物事业发展打下坚实基础。新时代文物工作方针开创性地提出"挖掘价值"的任务，是新的时代条件对文物工作提出的新要求。要在保护好文物本体的基础上，深入挖掘好、研究好、阐释好文物的历史价值、文化价值、审美价值、时代价值，讲清楚文物蕴涵的哲学思想、人文精神、价值理念、道德规范，把马克思主义与中华优秀传统文化在世界观、方法论、认识论、精神品格等方面的契合性、相容性揭示出来，为推进"两个结合"、创造人类文明新形态提供理论支撑，为有效利用打好前提。

1.3 遥感青花瓷鉴别研究进展

1.3.1 青花瓷鉴别研究现状

在元代，青花料常采用进口钴料着色，锰含量低，铁含量高，硫、

砷微量，无铀、镍。元青花最显著的特点是在瓷器表面的青花料区域会有黑色的斑点沉入体内。元代青花的色彩有深蓝、亮蓝、紫蓝，纯正、浓烈、厚重，有一种特殊的水墨效果，类似于中国的水墨画。在明代，青花瓷大致可以分为早期洪武至宣德，空白期正统至天顺，中期成化至正德，晚期嘉靖至崇祯，不同历史阶段的青花瓷在造型、胎、釉、纹饰、青花发色（钴料）、款式等方面都各具时代特点。例如，在永乐时期开始使用郑和从西洋带回的钴料苏麻离青（苏泥勃青），钴料发色浓艳、元素含量呈现高铁低锰，因此铁元素多会沉积形成斑点，称为"锡斑"，同时期还出现首例书写年代款。成化时期青花料变成国产的平等青，锰、铁、钴元素含量下降，使得这一时期的青花变得淡雅。嘉靖时期青花料多为进口回青和国产石子青，元素含量上呈现高锰低铁，这样的变化会使得瓷器呈色蓝中泛紫。回青是正德晚期从域外的伊斯兰教国家输入，价格昂贵，从正德晚期到嘉靖十六年，官窑青花料主要使用平等青添加少量回青（回青单独使用晕散严重，所以不会单独使用），嘉靖十六年平等青矿口封闭，官窑只能使用石子青和回青的混合料，万历二十四年回青料基本用尽，开始使用浙料。清代的产瓷区和明代一样，虽然分布很广，但代表整个清代制瓷业发展水平的仍然是瓷都景德镇。清代景德镇的制瓷业，无论是御窑（官窑）还是民窑，制瓷技术都在明代已有的基础上有了进一步的提高（于庆华等，2009）。在清代青花瓷器大概可以分为清初青花（顺治、康熙早期）、清前期青花（康熙中期、雍正）、清中期青花（乾隆、嘉庆、道光）、清晚期青花（咸丰、同治、光绪、宣统），不同时期同样各具时代特点。例如，顺治时期浙料为主，少部分使用珠明料。青花瓷呈色总体稳定，色调有蓝、黑蓝、灰蓝、翠蓝等。器物口沿部分多涂施一周酱黄色釉（酱口），纹饰多为云龙、瑞兽、山水、花鸟、雉鸡牡丹、洞石花卉、缠枝或折枝花卉、人物故事等。绘画风格较粗犷豪放，也有绘画精细之作。康熙中期使用上等珠明料，青花呈色青翠亮丽，有"翠毛蓝"的美称。由于在青花绘画上使用"分水"法，并借鉴

中国画"皴染"等技法，突破传统"平涂"技法，画面层次鲜明，达到墨分五色的效果，故康熙青花又有"青花五彩"之称，成为历代青花之冠。

常用的鉴定瓷器制作年代的方法主要有以下四种类型（吴隽等，2007）：

（1）还原分析法：主要依靠鉴定者的眼力和手感，需要对各个年代的器物特征充分了解。

（2）分类法：总结归纳各个年代器物发展规律，通过不同年代之间的制作差异进行分类。

（3）比较法：将待分类器物与当时的标准器进行比较，得出结论。

（4）甄别法：使用化学仪器分析方法，通过判断瓷器化学组成成分来实现年代分类，主要有 XRF、中子活化分析等技术。

使用 EDXRF 技术获得可以反映青花瓷的产地和生产时期的 13 种化学元素组成成分，通过主成分分析和判别分析，可以识别瓷器的特征，进而判别其产地和年代（YU KN, et al., 1998）。将支持向量机应用到古陶瓷断源断代的研究中，主要解决方法是将古陶瓷微量元素组合成判别函数，通过函数判别确定古陶瓷的生产年代，不过该研究主要依据瓷釉当中元素组成的变化，没有涉及青花料的研究（邓文华，2005）。

1.3.2 深度学习方法研究现状

深度学习是通过构建多层网络，计算机自动从底层开始层层学习，可以经过不同层次的信息处理、转化和抽象，提取出更高维、更抽象的数据，再进行特征表示（HINTON G E, et al., 2006）。21 世纪以来，计算机的运算能力和运算速度得到显著提高，在快速的计算能力和巨大数据集的支持下，深度学习也得到了迅猛发展（郑远攀等，2019）。

ImageNet 数据集是一个按照 WordNet 层次结构组织的图像数据库，其中层次结构的每个节点有成百上千张图像（DENG J, et al., 2009）。ImageNet 数据集旨在手动将图像标记和分类为近 22000 个单独的类别，

可以用于计算机视觉研究。ILSVRC（ImageNet Large-Scale Visual Recognition Challenge）比赛就是基于 ImageNet 数据集举办，VGGNet 和 ResNet 均是出自此比赛（SIMONYAN K, et al., 2014; HE K, et al., 2016）。VGGNet 是一种简单且广泛使用的卷积神经网络模型，它通过使用多个 3*3 卷积核替换 AlexNet 网络模型中较大的卷积核，使模型更深，具有更多非线性。相比先前的 LeNet 和 AlexNet，精度有了很大提高；但是它的缺点在于，参数量也变得庞大，需要更大的存储空间（KRIZHEVSKY A, et al., 2017）。ResNet 网络模型与 AlexNet、OverFeat 和 VGG 等传统的网络模型顺序架构不同，ResNet 是一种依赖于微架构的"奇异架构"，微架构是指用于构建网络的一组"构建块"，在 ResNet 网络中即为残差模块。残差模块间增加跳跃连接，目的在于缓解精度饱和问题，减少训练错误。

目前，深度学习技术广泛应用于人脸识别、医学图像识别、遥感图像识别等各方面，给农业、工业、航空等各行各业带来重大变革（栗科峰等，2018；WU R, et al., 2016；刘吉等，2018；MOHAMED A A, et al., 2018；CHENG G, et al., 2018）。但这些技术的工作原理都是假设训练数据（源域）和测试数据（目标域）具有相同的特征空间和基本分布（戴文渊，2009；刘名赫，2021；张旭亚，2011）。因此，一旦测试数据的特征空间或特征分布发生变化，预测模型就无法使用，必须使用新收集的训练数据从头开始重新训练模型，同样，由于深度学习模型需要足够的标记数据进行训练，对于一个只有很少标记数据可供监督学习的目标域，几乎不可能建立深度学习模型（吴沛达，2021；苏哲，2021）。但是，如果我们能够从现有的具有大量标记数据的类似但不确定的源域中迁移和利用已获得的知识，我们就可以为目标域的深度学习模型构建打下基础。

迁移学习（Transfer Learning，TL）是新提出的为解决上述问题的一种机器学习理论，是一种将知识从源域迁移到目标域的手段（吴国琴，2017）。与传统的机器学习不同，迁移学习认为训练数据和测试数据的域

1 绪 论

可能不同。迁移学习专注于存储在解决一个问题时获得的知识,并将其应用于不同但相关的问题(PAN S J, et al., 2009;夏坚等, 2022;张文博, 2021)。迁移学习有四种主要实现策略:基于实例、基于特征、基于关系和基于参数。

基于实例的方法需要估计源域和目标域之间的相似度,重新加权源域中的样本,以尝试纠正边际分布差异。然后将这些重新加权的实例直接用于目标域进行训练。TrAdaBoost 方法利用旧数据为新数据构建高质量的分类模型,需要新标记数据的数量也是较少的(DAI W, et al., 2007)。结果证明,该方法只使用少量的新数据和大量的旧数据即可有效的从旧的知识转移到新的知识,迭代算法即可很好地收敛到一个准确的分类模型。提出一种非参数方法,该方法可以直接产生重采样权重而无需分布估计(HUANG J, et al., 2006)。基于特征的方法是通过一些特征变换的方式,找到源域与目标域潜在的共同特征结构。空间降维方法 MMDE 是将域间数据特征映射到新的空间中,以达到缩小域间的原始特征差异(PANG Y, et al., 2016)。因为 MMDE 计算复杂度较高,迁移成分分析(Transfer Component Analysis,TCA)无需使用做好标记的数据,从而减少计算量(PAN S J, et al., 2011)。基于关系的方法主要通过学习源域和目标域之间的共同关系来迁移已获得的知识,该部分研究工作主要针对特定主题的标记文本源域和不同主题的未标记文本目标域。

基于参数的方法主要是通过源域和目标域模型的共享参数来迁移已获得的知识,共享参数(权重)的概念已广泛应用于深度学习模型中。通常,在训练深度神经网络时,模型从接近零的随机初始化权重开始,并随着越来越多的训练样本加入来调整其权重。但是,以这种方式训练深度模型需要大量时间和精力来收集和标记数据。通过基于参数的迁移学习,可以潜在地节省时间并降低成本,因为微调只需要少量的标记数据,同时使用这种方法可以帮助提高模型鲁棒性(CHEPLYGINA V, et al.,

2019）。使用一种结合 CNN 迁移学习和数据增强的方法，预训练网络的有效特征表示可以有效的转移到目标任务（HAN D, et al., 2018）。将 SVM 分类器附加到基于 softmax 的迁移学习模型的全连接层的方法,研究结果表明，传统的基于 SVM 分类器的模型在癌症图像数据集上分类最差，传统的基于 softmax 的模型分类精度适中,而文章中提出的方法分类精度最好（FAN J, et al., 2021）。针对不同年代景德镇青花瓷真彩色图像分类的问题，采用基于参数的方法，应用 ImageNet 数据集上的参数和预训练权重，通过修改全连接层来实现青花瓷真彩色图像年代分类。

1.3.3 高光谱遥感数据特征挖掘研究现状

高光谱遥感数据能够提供近乎连续的窄波段光谱信息，这是进行定量与定性研究的基础，高维数据也给高光谱遥感的应用带来了挑战，包括维度灾难和增加的计算成本，数据冗余和噪声带不仅增加了不必要的计算负载，而且影响了分类精度（HUGHES G，1968）。特征数量的增加为分类器提供了更多的信息，但是随着维数的变得更高，合理估计数据的统计行为所需的训练样本数量呈指数增长（LANDGREBE D A，2003）。对高光谱降维处理，即减少特征数量是有效进行分类的关键预处理步骤。特征挖掘目的是进行数据降维，特征挖掘主要包括两大类：波段选择和特征提取（杜培军等，2016）。光谱波段选择即是在全部数据集中，在众多特征中挑选出若干用于遥感分类的有限特征（陈彬等，1997；骆仁波，2017）。特征提取过程一般如图 1.1，其中 $p>P$。特征提取是将高光谱原始影像进行线性变换到另一空间，从该空间中提取重要信息作为最能反映其类别特征的新特征，从而实现压缩波段，提高不同类别间可分性的目的，有利于快速、准确地进行分类（杨哲海等，2003；曹宁，2021；闫馨方，2021）。特征提取高度融合了原始数据的信息量，但破坏了光谱的物理特性。

1 绪 论

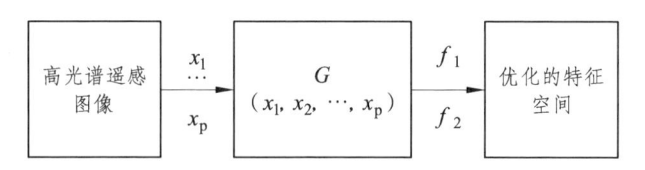

图 1.1 光谱特征提取过程

在高光谱遥感数据的特征挖掘研究上，主要有以下几种方法。基于波段选择的方法主要有：

（1）基于波段信息量的波段选择方法，主要通过统计所选择波段子集的信息量或者计算波段组合的信息量以及各波段之间相关性，评价指标主要有信息熵、信息增益、最佳指数法（Optimum Index Factor，OIF）、自适应波段选择法（Adaptive Band Selection，ABS）等（BAYER W, et al.，1973；KENT J T, 1983；CHAVEZ P S, et al.，1982；刘春红等，2005）。通过对高光谱数据处理，说明了信息熵、联合熵用于最佳波段选择的有效性和局限性（罗音等，2002）。在最优指数因子的基础上，提出了一种改进的波段选择算法，目的是通过改进的块状自适应波段选择来降低维度（ZHONG C，et al.，2014）。一种用于高光谱图像降维的自适应波段选择算法。考虑到空间相关性和光谱相关性，构建了一个参考光谱信息及其相关性的选择规则，用于波段选择（LI X J, et al.，2009）。为了测试该算法的效率，对该算法生成的图像采用了无监督分类的 K-Means 算法。结果表明，所提出的算法减少了计算量并提高了分类的准确性。

（2）基于类间可分性的波段选择方法，主要是利用各波段或波段组合计算已知类别的样本区域之间的统计距离。最大统计距离的波段组合就是所求的最优波段子集（即最佳波段组合）。主要方法有：基于空间维的类间可分性和基于光谱维的类间可分性方法（赵英时等，2003；陈述彭等，1998）。基于空间维的类间可分性主要有均值间的标准距离、离散度、Bhattachryya 距离、J-M 距离等，基于光谱维的类间可分性主要有光

谱的混合距离、光谱角度制图法（SAM）、光谱相关系数等（田明璐，2017）。

基于特征提取的方法主要有以下几种：

（1）基于代数运算的特征提取算法，主要是通过对原始波段进行加、减、乘、除、指数、对数等运算，其中最常见的是比值法，目的是增强某种信息而压抑另一种信息。几种常见的植被指数如比值植被指数（Ratio Vegetation Index，RVI）、归一化差异植被指数（Normalized Difference Vegetation Index，NDVI）、土壤调整植被指数（Soil Adjusted Vegetation Index，SAVI）等都是通过进行代数运算得到（田庆久等，1998）。

（2）基于光谱特征参量的特征提取算法，主要有导数光谱、红边参数、光谱吸收特征和光谱反射特征等，遥感光谱特征参量能够为目标理化信息的提取提供强有力的工具（谭昌伟等，2010）。对 Hyperion 图像进行光谱特征参量提取后，采用了统计回归方法，得到黏土和碳酸盐的含量与光谱吸收峰的深度有很高的拟合度，而其他特征参数与含量之间的关联度较低（LIU N, et al.，2015）。

（3）基于统计的特征提取算法，变换法又分为两种类型，其一是非监督特征提取，非监督特征提取方法不需要先验知识或训练数据。主要有投影寻踪（Projection Pursuit，PP）、主成分分析（Principal Component Analysis，PCA）、独立成分分析（Independent Canonical Analysis，ICA）等（JEROME H F, et al., 1974; LEI T C, et al., 2008; LI R F, et al., 2002）。在主成分分析（PCA）和独立成分分析（ICA）的基础上，提出了一种新的遥感聚类方法。能够在二阶统计和高阶统计信息方面提取数据的独立特征。其二是监督特征提取，监督特征提取依赖于标记样本提供的先验知识。这些方法又可以进一步分为参数和非参数的类别（CHENG L, et al., 2017）。参数化方法依赖于对固定的类级参数集的估计，并且常常对数据的分布作较强的假设，非参数化方法不做这样的假设。主要方法有局部费希尔判别分析（Local Fisher's Discriminant Analysis，LFDA）、非参数

判别分析（Non-parametric Discriminant Analysis，NDA）等。一种结合遗传算法和基于局部费希尔判别分析（LFDA）在原始光谱空间的特征空间中实现降维的方法，实验数据的分类结果表明提出的方法在小样本和混合像素条件下优于传统的降维算法（CUI M，et al.，2013）。一种改进的局部费希尔判别分析（LFDA），实验结果表明，改进的局部费希尔判别分析对多源地理空间图像进行特征提取是非常有效的（ZHANG Y，et al.，2014）。

（4）基于小波的特征提取，小波变换在信号分析中有着广泛的应用。小波具有分离信号的小尺度和大尺度细节的能力，在不同尺度上保持能量和空间几何信息（SHANKAR B U，et al.，2011）。利用连续小波变换对高光谱图像进行矿物的特征提取，实验结果表明，连续小波变换捕捉信号的能力可以用来完成识别矿物物质的任务（SOJASI S，et al.，2017）。最终本书拟使用波段选择中的逐步判别分析和竞争自适应重采样（Competitive Adaptive Reweighted Sampling，CARS）以及特征提取中的连续小波变换（Continuous Wavelet Transform，CWT）和基于光谱特征参量的方法对获取的高光谱数据进行数据挖掘。

1.4 遥感青花瓷鉴别面临的挑战

遥感作为一种特殊的图像，早就在2013年世界各国专家学者就开始用深层学习方法开展智能化遥感技术解译的探索，包含总体目标、情景查找、目标检测、地物归类、变化检测、三维重建等各个应用领域，也取得了众多科研成果。

尽管深度学习方法在总体目标查找和变化检测等多个方面获得关键进度，并有一部分成效达到智能化程度。但由于遥感影像比面部识别的影像繁杂得多，现阶段遥感技术解译方式没有得到广泛运用，尤其是在当然地物归类层面还无法达到业务流程变的业务需求，在我国地理国情

监测和第三次国土资源调查等重大工程主要是选用人力解译的办法。因为遥感影像与应用具备独特性，通用人工智能方式在遥感技术解译层面碰见了考验。

与人工智能数据信息、算法及算率三要素类似，遥感技术解译也是有三大核心因素——遥感影像样本库、遥感技术解译的算法与实体模型、可以进行大规模计算的硬件平台。现阶段算率基础设施建设可以采取通用性硬件平台，但由于遥感影像的独特性与应用的多样化，必须构建一个开放、统一标准的影像样本库，和高效率、可信赖的遥感技术解译算法与实体模型。

虽然目前有许多对于运用深度学习方式进行遥感技术解译的研究综述，但实践应用上，影像样本库、深度学习架构及其 AI 优化算法技术等层面仍然存在着考验。最先，规模性样本库是遥感技术解译鉴别的数字驱动，但是目前遥感技术行业未有规模性"清晰度-总体目标-情景"多层次多个任务包含总体目标查找、目标检测、土地类型归类、变化检测、三维重建的开放解译数据信息样本库，公开数据集欠缺统一文件格式插口和技术标准，远无法满足遥感技术解译鉴别规定，亟待提升已经有样本库的不健全导致标明模型局限，促使样本库可以智能化拓展与精华，完成样本库的可持续构建。次之，通用性深度学习互联网无法用于遥感技术归类等应用领域，都还没做到商业化的运用水准。在遥感技术专用深度学习架构实体模型中，必须考虑多维度时光谱特点，达到高效率灵活多变的运行内存全自动拓展、尺寸与通道响应式甄选规定。最终，尽管根据遥感技术专用的深度学习神经元网络能够练习遥感技术专用的大模型，但是由于优化算法能力不够且各项费用昂贵问题凸显，不久的将来数据集丰富多彩后，怎样解决文物鉴别一体化等问题仍是非常大的考验。

将高光谱遥感技术运用到不同年代景德镇青花瓷的分类研究中，同时结合迁移学习和特征挖掘，通过建立分类模型实现了不同年代景德镇

1 绪 论

青花瓷的分类研究，为我国不同年代景德镇青花瓷的分类研究提供了新的思路和技术支持，与此同时，本书在以下方面还需要提升和深入研究：

（1）研究建立不同年代景德镇青花瓷图像数据集时，因为图像数量有限，不同年代的景德镇青花瓷图像并不是相等的，之后研究中应该扩充数据集，使各个年代的图像数量尽可能保持一致。此外，本书所使用的图片数据来源于故宫博物院，仅供参考，后续将改善和丰富本研究的青花瓷样本，科学、有效、可靠地将其推广到不同年代景德镇青花瓷分类工作中。

（2）目前使用的 VGGNet 和 ResNet 网络模型，虽然网络模型性能得到提高了，但是这些网络计算量巨大，依赖基础网络的检测算法对达到实时运行的要求有些困难。后续将尝试 MobileNet、Xception 等轻量化网络模型，有效保证模型精度的同时大大减少参数，加强模型的稳定性。

（3）在对非成像光谱数据研究中，通过小样本的光谱特征挖掘，实现了不同年代景德镇青花瓷的分类研究，之后会进一步采集更为丰富的青花瓷样本的光谱数据，建立更加完善的光谱数据库，加强模型的稳定性及泛化能力。

（4）针对空谱联合部分，目前仅使用基于深度网络模型分别提取空间特征和光谱特征，然后使用 DS 证据理论进行融合完成分类。之后需要考虑同时提取空间特征和光谱特征进行分类。

（5）针对本书所研究的成果，结合用户群体的需要，例如，如果用户是普通青花瓷爱好者，可以开发一款手机端 App 或优化升级青花瓷鉴别小程序，通过用户上传真彩色图像，与图像数据库比对，快速给出待判断青花瓷的年代和其他信息；如果用户需要较高精度的识别结果，则有待于开发一款不同年代景德镇青花瓷成像光谱实时分类设备。

2　认识青花瓷

对于大家来说,青花瓷应该很熟悉,很多人也会想到景德镇青花瓷,但是具体来说青花瓷是什么呢,可能说不出来。下面将从三个方面来深入了解青花瓷:① 瓷器的起源与发展;② 青花瓷的起源与发展;③ 青花瓷的鉴别。

2.1　瓷器的起源与发展

2.1.1　什么是瓷器

瓷器是通过瓷石、高龄土、石英石、莫乃石等烧造成的,表面施有玻璃釉面或彩色绘制的物器(图 2.1、图 2.2)。瓷器的成型要以在炉内高温加热(1280~1400 ℃)烧造,瓷器表层的釉的颜色会因温度的差异而出现各种各样化学反应,是华夏文明展现的国粹。

图 2.1　原始瓷青釉瓷匜

图 2.2 原始瓷青釉划花双系壶

一般瓷器产生所具有的三个条件（叶宏明，1995）：（1）原料采用高龄土或者瓷石，其核心表现就是瓷器胎里面 Al_2O_3 含量提升和 Fe_2O_3 含量减少，瓷胎呈乳白色或灰白；（2）经 1250 °C 左右持续高温烧成，瓷胎煅烧高密度，不吸湿，击之发清脆的声音金鼎声；（3）器表上釉，并且经过持续高温烧成，胎釉融合坚固，釉层匀称。三者中，原料是瓷器所形成的内部原因，烧成温度和上釉是外部原因，三者缺一不可。

2.1.2 瓷器的起源

瓷器要在陶器的前提下烧制成功，它来源于陶而比陶更加精细。大概在新石器时期前期，人类的祖先就创造了用胶态无光泽有黏性的土做原料烧制陶器。陶器（安金槐，1978）分两种：一种是用黏土做陶器的

2 认识青花瓷

胚烧制而成泥质陶器；另一种是在黏土中掺加一定比例的砂粒或蚌末及其他的配料作坯烧制而成夹砂陶器。以上两种陶器的胎质都是采用黏土为基本原料。因为黏土内含有化学分子的特点，烧成温度必须要在 600~700 ℃，不得超过 1000 ℃，假如温度超出 1000 ℃，陶窑里的陶器胚胎便会变软变形，乃至会出现熔融态。因此使用黏土只有烧制成陶器。

瓷器要用瓷土为原料并且在瓷土内掺加一定比例的石英石作坯烧制而成。这是许多人在长久的烧制陶器在实践中，看到了瓷土这类原料还可以烧制容器才创造的。因为瓷土内带有 Al_2O_3 和 SiO_2 等防火程度高的化学分子，其烧成温度能够超出 1000 ℃。温度超出 1000 ℃，胎质才能实现煅烧水平。因此瓷器的胎质硬实，具备不吸湿或者少吸水的能力，击之能够传出清脆的声音金鼎声。在我国瓷器的发展最开始为原始素烧瓷器、原始青瓷器等。

新石器时期的白陶（灰陶）是瓷器的起源，新石器时期后期，人类的祖先就拿瓷土为原料，烧制出胎质灰白色、器表无釉、温度相对较低的容器，即所说白陶亦称灰陶。新石器时期至商朝的白陶器，主要使用高岭土烧制而成的，材质雪白细致，它是和瓷器比较接近的陶器。一些专家学者认为，黄河下游的那一部分龙山文化遗址和大汶口文化遗址中，出土一些胎质白而坚固的白陶及其长江中下游地区和福建等地区一部分新石器时期末期遗迹中出土一些白陶和几何印纹硬陶，它们胎质不是用一般的黏土可以烧制而成，因而不可归属于陶器的范围。其胎质可能是用瓷土作原料烧制而成，应归属于瓷器的范围，它估计就是最早使用的最原始的素烧瓷器（图 2.3）。

夏商周是中国奴隶社会时代的发展阶段。因为青铜生产设备的较多采用，生产力水平明显增强，使各种各样手工业者生产也获得了比较大的发展趋势。因此到商朝早期，尽管原始素烧瓷器还在继续应用，但在原始素烧瓷器的前提下，已研制出初始青瓷器（图 2.4）。

图 2.3　白陶刻几何纹瓿

图 2.4　原始瓷青釉四系洗

2.1.3　中国古代瓷器的发展

2.1.3.1　新石器时期陶器发展

依据考量的很多考古学材料，在新石器时期在我国陶器的高速发展经历了 3 个阶段（李耀柄，2004）：早期红陶、中期陶器、晚期陶制器具与灰陶。

2 认识青花瓷

1. 红陶——陶器发展的初期阶段

红陶不但是表现出来的一种陶色,而且还是一种烧陶技术处在初始阶段的象征(图 2.5)。它是在氧化焰中烧制而成,或许开始便是在室外平地上堆烧或者在极其破旧的"陶窑"中烧成,因为在烧制过程中空气能充足流动而产生了氧化气氛,使陶泥铁转化成三价铁,陶器随着烧制而呈现红色。

图 2.5 红陶双耳罐

2. 彩陶——陶瓷器持续发展的中期环节

彩陶是在红陶的前提下所产生的。马家窑、大溪文化、仰韶文化、马家浜文化、大汶口文化等遗迹,都广泛看到了彩陶,尤其以仰韶文化的彩陶更为丰富多彩(图 2.6)。彩绘以黑色为主导,同时使用红色。有

的区域（豫西等地带）在彩绘以前，先涂上一层白色的陶衣作为基板，便于彩绘出去花纹更加独特。纹样通常是纹样花卉的图案和设计几何形状的图案，也有部分陶器上绘制有动物纹。

图 2.6　仰韶文化彩陶几何纹盆

3. 灰陶、黑陶——陶器持续发展的末期

灰陶在新石器时代末期遗迹里的长期存在，表明在烧陶技术层面从烧氧化焰发展成了烧还原焰的新的发展阶段。窑炉的完善和烧制技术的提升，是这一改变的重要的方面。制陶器从手工制作发展成轮制，这也是一个重要的发展里程。薄如鸡蛋壳的陶器即别名"蛋壳陶"的诞生，正体现了这一环节陶器烧制的巨大成就。山东龙山文化陶器，主要代表有黑陶器具（图 2.7）、"蛋壳陶"，归属于新石器晚期龙山文化，陶器为灰陶环节。龙山文化灰陶，相较仰韶文化遗址的陶器有了很大发展趋势，体现在陶窑构造的改善和烧制环境温度的提升，有益于停烧制并封窑，使陶胎里的铁氧化物在还原气氛中转化成二价铁而呈现出深灰色。轮制的应用，则使器壁薄而匀称，器型更加整齐。

2　认识青花瓷

图 2.7　龙山文化黑陶双系壶

2.1.3.2　商至汉代时期陶器发展

商朝初期除烧造灰陶之外，还烧造了白陶和印纹硬陶，但并未发现原始青瓷。在之后的商朝中后期遗迹中，原始青瓷出现了，它们器型、胎质、釉面颜色与早期类似，而品质已逐步提高（图 2.8）。西周时，出现原始青瓷的地域更加普遍，从商周时期的原始青瓷具有的前提条件来看，理应将它纳入瓷的范围，但是由于他在原材料与烧制上还存在一些原始性，尚无法符合实际瓷的要求，故称作"原始青瓷"（李辉柄，2004）。

春秋战国时期的初期青瓷和夏商周原始青瓷对比，品质又有提升，尤其是在春秋晚期，江浙一带的初期青瓷，从原来的泥条盘筑成型工艺改成轮做成型。器皿的口、颈、肩、足等细节转折点恰当，边角独特，罐类器皿的肩部位常立小绳系。其胎质更加细致，器型整齐，不但胎壁薄化，并且厚度匀称，胎色多呈灰白，器表均施满釉，釉面的颜色有翠绿、黄绿色和浅绿色，釉层也较为明亮，印纹清楚。到了战国时期陶瓷行业伴随着生产力的发展，初期青瓷的总数伴随着社会进步日益提升，印纹硬陶却持续降低，出现初期青瓷慢慢取代印纹硬陶的发展方向。

图 2.8　原始瓷青釉鐎斗

西汉时的青瓷与战国时期对比，又有了明显的区别。汉朝初期青瓷的胎料中 Al_2O_3 含量提升和 Fe_2O_3 含量比较高，化合物含量多与少直接影响坯的颜色。在氧化气氛中烧制，胎体呈深灰色。因此，Fe_2O_3 含量愈高，胎的颜色就愈深。因而，西汉时的初期青瓷，一部分烧成温度比较高，胎质高密度，击之有铿锵声；一部分胎质粗松，存在大量气孔，吸水性也很高，呈灰白色或深灰。

2.1.3.3　三国两晋南北朝时期瓷器发展

青瓷是中国瓷器品种中传统种类之一，它的产生与发展基本上在我国瓷器发展的全流程中。从西晋时开始，至北魏一统中国北边时止，前后 150 年左右长期的战争，使黄河流域的社会经济文化遭受很严重的毁坏，瓷器处于止步不前的状态，进而构成了北方地区青瓷发展历史上的

2 认识青花瓷

一大"空缺"。再者就是,南方长江中下游相对来说稳定,经济也平稳地往前发展。陶瓷生产和其他工作一样,也随之发展起来。南方地区青瓷与北方地区青瓷的差别,也变成这一时期青瓷发展的主要特点(李辉柄,2004)。

南方地区青瓷:陶瓷生产与社会经济发展传统文化的发展紧密相关。浙江是中国青瓷的重要发源地,也是六朝时期陶瓷的重要原产地。南方地区青瓷生产主要体现在这一地域。青瓷的装饰,西晋时以印花图案为主导,有方格纹、弦纹、菱形纹、网纹等,并构成条带条状装饰在器物的肩、腹等部位。东晋时期,瓷器的印花装饰降低,多见褐色斑点,关键装饰在器物的口沿位置(图 2.9)。南朝时期,由于佛教的影响,刻画莲花瓣纹开始时兴。

图 2.9 青釉褐斑四系壶

北方地区青瓷：北方地区青瓷与南方地区青瓷在造型设计、胎釉、纹样等多个方面均各有不同。北方地区青瓷的器型比较大，尊、瓶、罐、钵这类器物占多数。胚体厚实，胎色灰白色。釉偏厚，玻璃的质感强，瓷器流动性强，因此常在器物表面出现类似玻璃流珠情形。釉里往往会有细腻的开片，釉面颜色青中淡黄。器物多以莲花瓣纹、忍冬纹等纹饰来装饰。装饰方式也有堆贴、模印、刻画多种多样。

2.1.3.4 隋唐五代时期瓷器发展

在中国陶瓷史上，隋代是一个新时期开端。至唐朝，北方地区形成以邢窑为代表的白釉体系（图2.10），南方地区亦有以越窑为代表的青瓷体系，一青一白两种瓷器体系齐头并进，故有"南青北白"之说（李辉柄，2005）。与此同时"釉上彩瓷"与"花瓷""三彩陶瓷器"等有特点的制陶加工工艺也陆续显现。五代瓷器，从唐雍容华贵雄浑，发展到唯美秀致，生产加工更为细致，成型技术也逐步提高，这时候江西景德镇窑已初露锋芒。

隋朝时期，全国统一，我国社会经济文化艺术进入相对高度发展阶段，瓷器生产也展现出蓬勃发展的新格局，既传承北方地区青瓷的传统风格，也吸取南方地区青瓷的特征，故南北方青瓷得到结合与发展，构成了隋代青瓷的一大特点。隋代制瓷的瓷窑的划分也影响了魏晋南北朝瓷器生产的局面，使北方和南方瓷器生产能够齐头并进地往前发展。到唐朝，因为邢窑白瓷的发展，才出现白瓷和青瓷齐头并进的态势。唐朝不但出现"南青北白"两个窑系，并且出现评品瓷器品质好坏的著作——《茶经》，那也是瓷器生产有非常大的发展的主要标志。晚唐越窑青瓷的品质已大幅提升。原材料通过破碎、淘炼，胎土质细致高密度，看不出分层的现象，气孔也比较少，胎色呈灰色或浅紫色。成型技术也逐渐提高，器型整齐，碗、盘、执壶等瓷器的胎面光洁，釉层均匀干净，瓷器胚比较轻，底足苗条，足壁外撤，制作十分用心。

2 认识青花瓷

图 2.10　邢窑白釉小壶

2.1.3.5　两宋时期瓷器发展

宋朝瓷窑有"官窑"与"民窑"差别。北宋南宋时期，皇宫需要的瓷器由官办瓷窑进行加工，这类官办的瓷窑，一般称为"官窑"。"官窑"严格执行皇宫设计瓷器的方式进行加工生产，在技术上精雕细琢，不惜制作成本，制作的瓷器是非卖品并禁止平民使用。"民窑"生产制造与"官窑"反过来，不会受到皇宫一切拘束，匠人来源于民间，所生产瓷器均供应平民生活需求。这也是"官""民"两种瓷窑最根本的不同点所在。民窑与官窑的并存，不仅仅是宋代瓷器发展兴旺的一个重要标志，还是这阶段瓷器发展趋势里的关键特征。

宋朝瓷器在我国瓷器发展历程上占据重要的位置，主要有 3 个特征（李辉柄，2005）：

（1）就瓷窑遍布来讲，星罗棋布，遍布于南北方全国各地。南方瓷窑以浙江、福建、广东、江西为较多；北方地区以河南、河北、山西、陕西的瓷窑更为集中化。

（2）就供应来讲，北方地区瓷窑生产主要是以供货中国市场为主导；南方地区瓷窑，尤其是沿海城市瓷窑的商品大多数为了满足出口需要。

（3）就瓷窑的产品属性来讲，"官窑"与"民窑"的产生，因为它们服务目标与经营方式不一样，决定了该瓷器造型设计与加工工艺特征的明显区分。这也是宋朝瓷器持续发展的一个突显特征（图 2.11、图 2.12）。

图 2.11　龙泉窑五孔盖瓶

图 2.12　定窑白釉碗

2.1.3.6　元代瓷器发展

考虑到战事危害，元朝北方陶瓷生产有一定没落，与其形成了鲜明对比的是南方地区瓷窑，由于商品经济的发展，陶器出口贸易刺激，浙江龙泉、江西景德镇为代表的南方地区瓷窑获得了长久发展。

景德镇元朝瓷器发展里的较大成就，还要算青花瓷器与釉里红瓷器的烧制（图2.13）。景德镇因为具备先天性的烧瓷气候条件与强大的技术水平，元代的时候就建立了"浮梁瓷局"（李辉柄，2005）。"浮梁瓷局"的建设立即造就了景德镇陶器尤其是青花陶器的蓬勃发展。青花陶器一经产生就很快发展。剖析原因有以下几点：① 青花是一种釉下彩绘，青花纹样可绝不褪色。② 白釉上显现出蓝色纹样，具备清亮、淡雅的实际效果，虽然只白蓝双色，但是浓淡深浅的改变，合适且恰当的疏密构图的方法，全是我国传统水墨手法的承续，为世界各国所接受。③ 青花的原材料是氧化钴，与胎土烧结温度差不多，着色力强，耐热，因此非常容易烧制。也正因为青花瓷具有了以上优势，因此当时没有任何一个窑及任何一个种类能和景德镇及其烧造的青花瓷一竞高下，景德镇也随着青花瓷的发展迎来前所未有的兴盛。

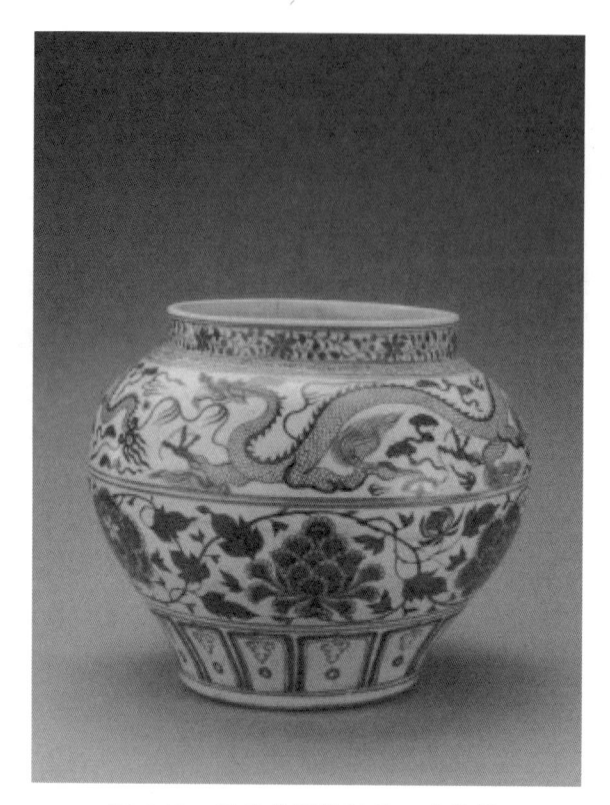

图 2.13 元青花缠枝牡丹云龙纹罐

2.1.3.7　明清时期瓷器发展

明朝和清朝，我国制瓷业在此时期发展迅速。明朝初期在景德镇创建御窑厂，以政府的力量促进烧瓷工艺技术提升和创新。明成化、嘉靖年间，造就并发展了斗彩、五彩瓷器。清朝康熙—乾隆三朝，在明朝前提下全力发展制作瓷器，研制了粉彩瓷、珐琅彩瓷及釉上蓝彩、金彩等多种制瓷的工艺，在烧制方法、技巧、造型艺术水平层面都达到了前所未有的高度，是中国古代制瓷业发展的又一高峰（李辉柄，2005）。

明洪武二年，明朝政府在景德镇珠山以南建立了官办手工制瓷业大工场——御器厂，这是景德镇史上的第一个皇家瓷厂。明永乐、宣德时

2 认识青花瓷

期,官窑获得了非常大的发展。烧造的青花瓷器,因其胎、釉细致,深蓝色鲜艳,外观多种多样和纹样优美而享有盛名。红釉瓷器颜色鲜红色,绚丽多彩。永兴白瓷釉面质地雪白、如玉一般温润,釉的颜色也温和舒目。斗彩瓷器是明朝成化时期新发展出来的一种彩瓷佳作。这类彩瓷因为是从釉下彩青花发展到釉上彩,然后把两种彩同时应用于一件瓷器上,明嘉靖时期,烧制出一种五彩瓷器,万历时期又获得非常大的发展(图2.14)。

图 2.14 五彩云鹤纹罐

清朝瓷器生产,达到我国瓷器发展的高峰,尤其是康熙、雍正、乾隆三朝兴盛,景德镇瓷器进入发展历史上的辉煌时代。凡是明朝现有的工艺种类,大多数逐步提高或自主创新。清朝康熙时期的青花采用的是云南珠明料,青花呈色纯粹光亮,深蓝色艳丽,深浅两色,条理清楚;雍正时期的青花瓷继承康熙时期青花,但呈色较为素雅;乾隆皇帝时期青花呈色比较深,但多仿明朝大明宣德青花(图2.15)。

· 031 ·

图 2.15 青花龙纹瓶

2.1.4 瓷器鉴赏

2.1.4.1 名窑瓷器鉴赏

1. 景德镇窑

根据考古学材料，始烧于唐武德（618—626 年）年间。五代时期，烧白瓷与青瓷，青瓷釉色偏灰色，白瓷的釉色较为正宗，达 70 ℃。景德镇窑：陶瓷窑炉的一类，也称"蛋形窑"，是以龙窑和参照北方地区馒头窑，又依据烧松柴的特征发展起来的。窑身如大半个瓮俯覆，又好像一个大半个蛋型覆置，还像一个前高后低的隧道。

景德镇窑坐落于江西省景德镇市。景德镇本名昌南镇，因北宋景德

2 认识青花瓷

年间烧制的精致陶瓷而称今名。景德镇窑自唐朝起即烧制青瓷，至北宋时以烧制青白瓷为主导。其瓷釉色白而有点青绿色，这类白中泛青、青中又见白的色釉，为景德镇窑的初创，其色彩给人一种清爽痛快感。青白瓷以光素者占多数，亦之间有刻花者。宋朝靖康之变后，宋室南迁，北方地区定窑的诸多制作陶瓷的匠人也会跟着南进，他们增添了定窑瓷器制作技巧，在景德镇仿造定窑瓷器。所生产出来的瓷器，胚体釉色纯白色如粉，又有"粉定"的美称。景德镇窑所烧青白瓷，装饰设计慢慢为印花所取代。青白釉瓷器的瓷器釉质透明似水，胎身素质薄轻便，青石的釉面罩在刻花、印花的容器上，纹样图案的凹进处积釉略厚而较青，胎薄花纹在日光下隐约可见，故还有影青、罩青、映青、隐青之称（图2.16）。景德镇窑青白瓷也曾是贡瓷，专供御府所使用。

图 2.16 景德镇窑青白釉倒流壶

2. 汝 窑

汝窑坐落于河南省宝丰县清凉寺，烧制大概是在北宋神宗到徽宗（1068—1125 年）阶段，是宋朝的五大名窑之一。汝窑号称是宋朝名窑之首（陈士龙，2017）。釉面颜色以天青釉为主导，淡天青其次，也有很小部分豆青色，尤其天青釉瓷很精美。汝窑接纳皇宫的烧瓷任务，烧造汝官窑青瓷器，十分精致（图 2.17）。因此宋朝才有"汝窑为魁"这样的说法，将宋朝的青瓷尊为第一位。

图 2.17　汝窑天青釉盘

3. 官 窑

南宋时期官窑是中国宋朝官、哥、定、汝、钧五大名窑瓷器之一，据史籍记述，特点是造型设计庄重，胎薄釉厚，并有纹片，材质硬实，并呈"紫口铁足"（叶宏明等，1983）。釉面颜色以粉青为上（图 2.18）。南宋官窑青瓷釉的呈色原理与著名哥窑、弟窑及北方地区的汝瓷和耀州窑基本一致，都以过渡元素里的亚铁离子上色，选用还原焰烧制，使釉内三价铁转化成二价铁，得到结果。

图 2.18　官窑粉青釉瓶

4. 哥　窑

哥窑瓷器的胎多紫黑、铁灰黑色，也有呈现棕褐色。釉为失透的乳浊釉，釉层泛一层酥光，釉面颜色主要为炒米黄色、灰青色，釉层与纹片融合。经上色后大纹片呈棕褐色，小纹片为棕褐色，又称"金丝铁线""墨纹红梅花片""叶脉纹"等（图 2.19），这个是哥窑的主要特征之一。

5. 钧　窑

钧窑是宋朝的五大名窑之一，以其所在地区禹县旧称"钧州"而出名。据近年来考古资料发现，钧窑的烧造历史源于唐代晚期，鼎盛于北宋时期，持续于元朝前后将近 700 年时间。原产地以河南省禹县（旧称钧州）为中心，向四周拓展扩散（图 2.20）。

图 2.19　哥窑青釉碗

图 2.20　钧窑天蓝釉碗

6. 定　窑

定窑是中国北部白瓷的中心，起源于唐朝，是对邢窑的继承，在五代时期就已比较发达。瓷胎坚致，釉泽透润，纹路唯美，是很精湛的品

种。定窑以烧造白瓷为主，也烧其他颜色的釉，如白定、红定、紫定和黑定等（图2.21）。

图 2.21 定窑白釉碗

7. 耀州窑

耀州窑以今陕西省铜川市黄堡镇为主要代表，包含陈炉、立地坡、上店及玉华宫等窑。铜川古称同官，宋时属耀州，因而称耀州窑。耀州窑为宋朝北方地区知名青瓷原产地，刻花器饰以精湛的刀功和顺畅强有力的线条，为宋朝类似装饰设计之冠（图2.22）。古代历史上，该瓷窑烧造品种众多，唐朝烧有白釉瓷、茶叶末釉瓷、花釉瓷、黑釉剔花瓷，五代时期创造烧制了天青釉瓷，宋代创造烧制了月白釉瓷，元朝有白釉黑花瓷、姜黄釉瓷等，数不胜数（崔瑛，2011）。

8. 磁州窑

磁州窑窑址在今河北省邯郸市峰峰矿区的彭城镇和磁县的观台镇一带，磁县在宋朝属磁州，故得名。磁州窑创烧于北宋中期，以达到兴盛，宋、元、明、清代仍再次烧造，烧造有悠久的历史，具有极强的活力，传承下来的瓷器也很多（图2.23）。磁州窑的器形和纹样为坊间所赞不绝口，影响程度比较广泛，并蓬勃发展。

图 2.22　耀州窑青釉刻花瓶

图 2.23　磁州窑白地黑花梅瓶

2.1.4.2 瓷器的器型鉴赏

1. 实用器

中国古代的陶器以实用器为主,在瓷器的数量上占绝大部分,按照其功能也可分成食具、器皿、储器、饮器、服御器、文具器、传统乐器以及其他器型等,品种繁多。比较常见的实用器有碗、杯、碟、盘、钵、盏、瓶、罐等(图 2.24、图 2.25)。

图 2.24 青花缠枝莲瓶

图 2.25　孔雀绿釉碗

2. 陈设器

陈设器有一部分兼具服御器特性，如大花瓶、花插、插屏等，前文已经谈及。有很多古时候瓷制实用器、明器，到最后（如宋、明、清迄今），也转化成陈设器。专门陈设、小玩具有瓷制字画册页、鸟食缸（罐、盂）、蟋罐、托座、屏风隔断、瓷型乍、犬、猫、虎、鸽、雀、鹅、狮子座、狻猊、老寿星、三星、十八罗汉、观音菩萨、佛、三宝、达摩祖师、童子、婴戏、塔（中小型）及其众多水果、蔬菜水果、盆栽花卉、海产品水生物等像生瓷塑，也有棋子（中国围棋、象棋）、围棋棋盘（图 2.26）。

3. 礼　器

礼器是反映社会意识形态的陶瓷。在礼乐制度活动中，也有不少实用器具担任了礼器。如皇宫常用，则造型设计更加气势恢宏，釉面颜色以及纹样图案更为滞重不苟（图 2.27）。相互配合礼乐制度的差异，对器型、釉的颜色等会有不同的规定。

2　认识青花瓷

图 2.26　乾隆款天蓝釉出戟花觚

图 2.27　窑变釉贯耳瓶

4. 冥　器

冥器，便是陪葬用品。以物随葬的风俗由来已久，夏商周时代的墓室就会有随葬的人、兽（图2.28）、日用器皿及黄金、白银、玉石发掘出来。汉代厚葬风气大盛，很多王公贵族去世后通常把他们死前所使用的大量仆人、器皿一同安葬。

图 2.28　青釉羊

2.2　青花瓷的起源与发展

青花瓷，烧造历史之悠久，窑口遍布之广，纹饰、造型之丰富，受到民众喜爱之普遍，是其他品种难与之相比的。中国青花瓷在世界上享有很高的声誉，既是日常生活中不可缺少的用品，又是精巧的艺术品，

2　认识青花瓷

给人们以美的享受，在中国陶瓷史上独树一帜，被人们誉为"国之瑰宝，瓷之荣光"。

2.2.1　青花瓷的起源

青花瓷又被称为白地青花瓷（郑晓娜，2012），常通称青花，是我国陶器的主要种类之一。初始青花瓷于唐代已见眉目，完善的青花瓷则出现在元朝景德镇的湖田窑。青花瓷要用含氧化钴的钴矿为原料，在青花瓷压坯上刻画纹样，再罩上一层透明釉，经持续高温还原焰一次烧成。青花这一美好的专有名词，首倡者应属元朝统治者。

据出土瓷片考证，青花瓷的起源可以上溯到唐代中期。为什么在北方起源的青花瓷，却在南方得到了很大的发展呢？据分析，有三个重要原因（刘拾云，1999）：① 北方瓷窑的瓷土含铝量高，透明度差。景德镇窑高岭土含铝少，胎釉结合好。② 北方烧炼用的燃料煤，氧化焰白中泛黄。南方柴窑，氧化焰白中泛青。③ 北方青花料矿极少发现，南方有较多的青花料矿蕴藏。加之12世纪初，战争频繁，宋代皇室南迁，大批能工巧匠南下，促进了南方瓷窑的发展。

宋朝，在浙江东阳市地域也烧造过青花瓷，其纹样为屈原诗情画意画"山鬼图"（刘拾云，1999）。青花料散发的颜色褐黑色，胎釉不光滑。宋朝中后期到元朝前期，青花瓷在江西景德镇开始烧造，并逐步形成很多品种，陶瓷史此后掀开了新的一页。青花瓷的工艺原理：① 使用的着色剂是钴土料。② 以高龄土相互配合瓷石为原料，制作坯胎。用青花料在坯中直接进行绘画。③ 在画好的坯胎上罩一层透明釉。④ 入窑以1200 ℃之上高温还原焰烧制，显现出翠绿的纹样。因而，烧造青花瓷就需要具备下列四个标准：① 青花料矿距离近，开采便捷。② 高龄土、瓷石矿产地丰富多彩。③ 釉果与石灰石调制的石灰粉釉全透明性高，原料非常容易收集。④ 有大量柴火做燃料。

2.2.2　青花瓷的发展

青花瓷作为华夏文明美学的精华，古代历史上针对国内外文化交流宣传推广中国文化艺术也起到了桥梁的作用，不仅使其他国家的民众对中国传统文化心生憧憬，又为中国带来很多财富。

2.2.2.1　唐代时期的青花瓷

唐朝国力富强，制瓷业快速发展，这时钴蓝色料开始用于陶瓷上，青花进到世人的眼中（图2.29），但由于那时候的审美观，唐青花并没开始时兴，这时的青花瓷胎松散，瓷化水平不太高，有明显铁锈斑，主要运用于出口。即便如此，唐青花的诞生为青花瓷历史提供了一个比较好的开端（付洋，2021）。

图2.29　绘有"曲棍球图"的唐代青花塔形罐

2.2.2.2　宋朝时期的青花瓷

宋代，青花瓷开始在南方生产制造，从原料产地、生产工艺及纹样种类来说，宋朝和唐朝的青花并没持续关联。且因为龙泉区域的瓷胎含铁量比较高，胚体偏灰，加上本地钴土矿锰含量高，青花瓷颜色偏浅，唐宋两朝的青花瓷和之后的元明清的青花瓷迥然不同（付洋，2021）。即便如此，唐朝与宋朝作为青花瓷的初始创作和探索环节，对青花瓷的高速发展至关重要。

2.2.2.3 元朝时期青花瓷

元代,青花瓷重新进行了创新,这跟元朝制陶匠人创造了釉下彩青花技术有很大关系,而且这时元代工匠创造了高岭土加瓷土的二元成分。元朝皇帝在景德镇开设浮梁瓷局,优化了宋代由于瓷胎不太好造成青花发色不够的状况。景德镇自然地理偏远,三面环山,附近有大量高岭土矿物资源,促使景德镇变成元朝青花瓷生产制造最理想的产业基地,从而也深深吸引全国各地工匠,景德镇青花瓷的烧造进入一个高速发展的阶段(付洋,2021)。元青花的点缀手法多种多样,在瓷器上绘画技术手法有细致与粗狂两种,绘画方式有白地青花,或者以青花为地留白艺术纹样(图 2.30)。在实际的点缀应用中,工匠们十分恰当地将青花与刻花、瓷器印花、瓷塑、镂空雕结合在一起应用,展现了元朝工匠制作陶瓷的精湛手法(胡强,2017)。

图 2.30 青花缠枝牡丹云龙纹罐

2.2.2.4 明朝时期青花瓷

明代青花瓷的装饰艺术主要以花卉为主，装饰方法很多，有和釉里红结合的"青花釉里红"，和粉古彩结合的"青花斗彩"等（图 2.31）。花卉图案以扁菊纹居多，很多花瓶以缠枝扁菊为主要装饰题材，如南京明朝故宫出土的青花云龙小盘，碎片中可见盘中心绘有三朵花。梅瓶则以五爪龙纹为装饰题材居多。明代各朝由于青花原料之不同，在产品上就表现出了不同的时代特征。根据青花瓷器所使用的原料，可划分为如下 4 个阶段（李辉柄，2005）：

图 2.31 青花云龙双耳炉

第一阶段以明朝初期洪武阶段为代表。明洪武青花器所使用的青料为元朝剩下的进口的料。从挖掘的大规模明洪武青花器的特征与设计风格来看，也获得了证实。

第二阶段以明永乐、宣德阶段为代表。史料记载，这阶段郑和七次下西洋，虽其核心目的在于传扬国威，但客观方面沟通了中西方的海上运行道路，达到前所未有的兴盛。出发时携带物中包含大宗商品的陶瓷，带过来有青花瓷所使用的青料——"苏麻离青"料，从而为明代永乐、宣德阶段青花陶器的高速发展造就了所需的必要的条件。

第三阶段以明成化、正德为代表。这一阶段青花器生产仍是流行，从技术上虽然与早期拥有不可缺少的继承关系，但是由于进口的青料已用完，改成了国内青料——"平等青"。这就是青花器的呈色特性有别于早期永兴、宣德青花的重要原因。

第四阶段以明嘉靖、万历时期为代表。明嘉靖阶段青花的原料为"回青"。青花呈色发生一种微泛紫红色的浓厚、艳丽色调。万历时期的青花器，除初期仍用"回青"，和嘉靖时间呈色类似外，中后期由于"回青"料使用没了，改成其他青料，具备蓝中略微泛灰而颇具恬静感的特征。

2.2.2.5 清朝时期青花瓷

依据青花器所采用青花的原材料，清朝通常可划分成如下 3 个阶段（李辉柄，2005）：

第一阶段以清康熙时期为代表。康熙时期的青花器，所使用的青花原材料是云南生产的珠明料。使用的是"墨分五色"的绘画手法。青花呈色纯粹光亮，深蓝色艳丽，深浅两色，条理清楚，具备艺术效果。为雍正、乾隆时期青花器的烧造奠定了基本的制瓷手法。

第二阶段以雍正、乾隆时期为代表（图 2.32）。雍正青花沿用康熙时期青花的染料，但已经比不上康熙时期青花那般鲜丽，其颜色一反康熙时期的浓青，各地仿明成化时期的作品，较为素雅，这也是雍正青花瓷本色；也有一部分仿明宣德作品，其呈色也是有明宣德青花那般的晕散状况及黑色斑点。乾隆时期多仿明宣德时期的青花，为达到明宣德青花器效果，通常晕散除有黑色斑点外，在瓷器的釉质与釉下气泡的釉层特点上都和明宣德瓷胎相似。

第三阶段以嘉庆、道光时期为代表。清朝嘉庆、道光时期的陶器生产制造仍然以青花陶器为多，嘉庆、道光时期的青花器都传承康熙、雍正时期的青花，其呈色比不上康熙、雍正阶段青花瓷呈色平稳，如康熙时期青花的翠蓝，有的蓝色偏灰。顺治之后大量仿康熙时期青花的翠蓝，但比不上康熙时期青花下移而显得非常的薄弱。光绪、宣统往后的青花，虽然呈色有康熙时期的翠蓝，但更加薄弱，并有一种悬浮在釉层面里的感觉。

图 2.32　乾隆款青花釉里红云龙纹天球瓶

2.3 青花瓷的鉴别

2.3.1 青花瓷真假鉴定

2.3.1.1 从器型上鉴定

青花瓷器型也随着发展需要而变化，这是断定年代的重要指标，有一些器型还保持了前代的设计风格，例如宋朝很流行梅瓶、玉壶，而元朝的青瓷器型种类繁多，大多都是生活用器，部分为随葬的，还有一些是装饰使用的（唐建，2009）。宋无大型瓷器，可是相比较元代瓷器，胎土厚实、型大、深厚，但还是有薄如翼，阳光照射透亮的碟碗等。中国古代的制陶技术看重的是器物审美观，因而比例融洽、圆润雅致，具备不错的风范和风韵。

赝品青花瓷器一般具备这种表现：首先总体不平衡、不规整，缺乏精神面貌；溜肩膀不圆润、鼓腹不流线型；有盖的器物没做到紧闭，并不是与瓶塞空隙太大，便是外盖的规整难题；器物里的装饰设计没做到惟妙惟肖，缺乏活力。

2.3.1.2 从纹饰上鉴定

元代青花瓷的纹饰较为葱茏，最多能达10层上下。

赝品青花瓷纹饰大多都是依照真品去模仿，因为是仿画，必定不那么顺畅，看起来像滞销品，肌肉僵硬，动物不栩栩如生，人物制作不惟妙惟肖，有的地方留白艺术太大，枝干疏松，波浪形大部分走型。赝品的纹饰缺乏含义，并没有历史文化底蕴，更不能从美术绘画里看到风韵。

器型、纹饰是断代的重要指标，不同历史阶段应有当时的时代特点，假如在现代纹饰上激发造就，就跟真品大相径庭，明眼人一看就知是赝品。

2.3.1.3 从釉面上鉴定

元代青花瓷的釉面一部分泛青色,多卵乳白色,积釉处呈鲜绿色(曹建文等,2012)。并且一部分釉汁里加了釉果,所以才会有肥大沉重的特征。一些器物表面有轻微橘皮釉和缩釉的情况。民国时期之前的传世古陶器釉面,一眼望去都是有稳重、老旧、釉粗厚玉层次感,上手柔和。仔细看留有一定程度的应用划痕、边角,突起一部分会出现时间的印记。再宝贵的器物,如果经常赏玩,一定会留有时间的印记。

赝品青花瓷釉面毕竟是新作的,因此显得火气大,观感上心浮气躁,用手抚摸触感不细致光洁,也没有那种沉稳、老旧的感觉。釉色上过于白,积釉的地方也太绿,总体釉面并没有自然的印痕。当代仿品多用电、气烧制,气泡相对匀称,并没有质感,有一些仿品在口上立有人为制作出来的老旧爆釉状况,但漏釉处仍可见釉层稀薄的当代加工工艺。

2.3.1.4 从胎质上鉴定

元朝青花瓷的胎骨多见高龄土掺瓷石,早在五代时期繁昌窑和宋朝的青白瓷已经创造了该项秘方。因为生产制造元青花瓷的瓷窑不一样,胎骨的特征各自不一。通过配方烧制的胎,具有一定的强度、柔韧度,可以比较大水平地操纵持续高温变形,确保大件器物的成型率。胎底有绵软的感觉,没有明朝中后期胎土硬实,绝大多数的陶器底部有砂眼、修底、凸凹不平。陶器底足下留下来的乳丁,是工匠修足的特征。

赝品青花瓷胎泥是机械混合的,相对密度非常高,胎骨显得硬。真品和赝品摆在一起,一样规格和型号的器形,赝品要胜于真品许多。并且器物底部并没有老胎那类吹干滑嫩的感觉,虚假的火石红很呆板,多为人力刷过的化合物,并没有衔接感。赝品的底足并没有刀切痕,有些尽管可以看见,可是显得十分愚钝,并没有古代匠人那类加工工艺的风范。

2.3.1.5　从颜料上级鉴定

青花瓷中最出名的就是元青花，元朝的青花陶器美术绘画所采用的氧化钴大多数都是进口的料，通常是与阿拉伯国家商贸交往，用绸缎、茶互换选购的。可是进口料含铁量高，因此在烧造过程中出现不规律深褐色色斑或锡点光片，而且伴有立体感、散晕、下移、网、珠点的情况。瓷器表面似流动形状且颜色上泛蓝紫色。青花发色具备翠绿鲜艳，深浅不一效果，有些能够产生水墨山水画的美学。

赝品青花瓷并没有真品上纯天然的汇聚线丝、珠点等特性，有一些珠点都是人为因素描画上去的。铁斑和锡光飘浮在表面，并没有真品铁斑如同从骨胎里长出来的感觉，不见深浅交映的衔接。最主要的是因为是新画在试管胚胎里的，并没有历史沉淀，青花浮在器皿的表面，并没有下移釉的情况。

2.3.2　青花瓷年代鉴别

由于唐宋作为青花瓷的摸索阶段，制作流程不成熟，市面流通的这两个时期的青花瓷也较少，本书不再叙述这两个时期的青花瓷的鉴定方法。

2.3.2.1　元朝青花瓷的特点

在我国，因为对于元朝的青花瓷使用价值的认识本身就是近几十年的事情，因而古代历史基本没有元代青花瓷的高仿，在鉴定是否元青花真品时，需要掌握元青花的特性与其他阶段青花瓷特性的差异（胡强，2017）：①元青花一般都胎体结实。②釉有青白釉、枢府釉及最具代表性的青花釉层。③青花瓷色调有浓翠及灰淡两种，胎体都有铁斑。④花瓶或者碗器底部都没有釉，碗、盘这类底盘的中间是乳钉状突起。⑤梅瓶和玉壶春瓶多菱边，方形扁壶、高颈大罐这些是元代青花瓷的特有容器形状。⑥梅瓶的口全部是上窄下宽的梯状。⑦极个别青花器仍然沿用

枢府瓷特有的小底足。⑧ 在纹样上青花纹理遍及器皿，布局合理也分为多方位。⑨ 在纹路、装饰图案方面有显著少数民族的特征。

2.3.2.2　明朝青花瓷的特点

（1）青花颜色不像元朝青花瓷颜色浓翠，大部分偏淡灰，可能是因为明朝时期从中东国家进口的钴料一度被中断，因而用了中国含铁量非常低、含镁比较高的钴土矿做染剂。

（2）器型制作与青花釉里红相同，有的开玉壶春瓶、玉壶春执壶及规格型号 20 厘米的碗是细底，别的全部是粗底。

（3）从青花瓷的传世品及景德镇窑址查到的青花瓷样板显示，明朝以碗类为主体的青花瓷底端都没有釉，且有尖钉凸起状，仍然保留了元代的削底特点。

2.3.2.3　清朝青花瓷的特点

（1）清代顺治十四年之前官窑的青花瓷底款作诗，基本上就是属于编写，这是一个应特别留意的特点。

（2）清朝晚期青花瓷经典著作器型轻巧、胎土光滑工整，因为清朝晚期开始引入欧美国家工业自动化成形机械设备。

（3）民窑青花瓷底端没有皇帝年号，而是各式各样的标志。青花颜色也黯淡，用的是珠明料，进口钴料并没开始运用。

3 基于真彩色图像的景德镇青花瓷鉴别分类

21世纪以来，计算机的运算能力和运算速度得到显著提高，在快速的计算能力和巨大数据集的支持下，深度学习也得到了迅猛发展，其中卷积神经网络在图像分类方面应用较广。深度学习是通过构建多层网络，计算机自动从底层开始层层学习，可以经过不同层次的信息处理、转化和抽象，提取出更高维、更抽象的数据，再进行特征表示。迁移学习是一种将知识从源域迁移到目标域的手段。与传统的机器学习不同，迁移学习认为训练数据和测试数据的域可能不同。迁移学习专注于存储在解决一个问题时获得的知识，并将其应用于不同但相关的问题。通过深度学习以及迁移学习，可以节省时间并降低成本，同时可以帮助提高模型鲁棒性。目前数字化博物馆、数字化文物瓷器展馆正渐渐发展为人们了解文化、探索瓷器奥秘的新途径。青花瓷的鉴别不仅是重中之重，对青花瓷背后所蕴含的文化宣传亦极其重要。青花瓷鉴别方式与技术随着时代发展，已有了长足进步。在结合了深度学习等技术后，青花瓷鉴别将变得更加稳定、精准、还原程度更高，对保护我国现有的青花瓷以及青花瓷文化具有重大作用。与之相伴的数字化青花瓷建档亦是人们了解青花瓷文化的重要途径，随着技术的不断发展，传统青花瓷的保护必将达到一个新的高度。

本章节主要总结各模型对不同年代景德镇青花瓷真彩色图像进行分类的优劣，首先对图像进行预处理操作，主要包括：随机裁剪、图像数据增强和归一化等过程，提高模型泛化能力和抗干扰能力。使用VGG16和ResNet50两种网络模型，加载ImageNet数据集上的模型参数和预训练权重，对模型全连接层进行修改，再进行不同年代景德镇青花瓷真彩色图像分类，实验表明改进的VGG16和ResNet50两种经典网络模型对

景德镇青花瓷图像分类有着优越性。

本章技术路线如图 3.1 所示。

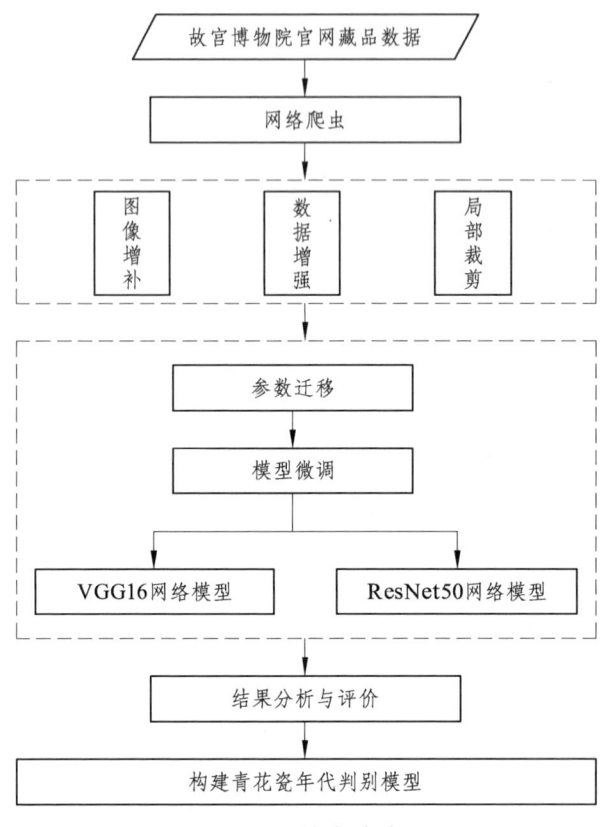

```
┌─────────────────────────┐
│  故宫博物院官网藏品数据  │
└───────────┬─────────────┘
            ↓
      ┌──────────┐
      │ 网络爬虫 │
      └────┬─────┘
           ↓
┌──────────┬──────────┬──────────┐
│ 图像增补 │ 数据增强 │ 局部裁剪 │
└──────────┴────┬─────┴──────────┘
                ↓
           ┌──────────┐
           │ 参数迁移 │
           └────┬─────┘
                ↓
           ┌──────────┐
           │ 模型微调 │
           └────┬─────┘
         ┌──────┴──────┐
         ↓             ↓
  ┌────────────┐ ┌──────────────┐
  │VGG16网络模型│ │ResNet50网络模型│
  └──────┬─────┘ └──────┬───────┘
         └──────┬───────┘
                ↓
        ┌──────────────┐
        │ 结果分析与评价 │
        └──────┬───────┘
               ↓
      ┌────────────────────┐
      │ 构建青花瓷年代判别模型 │
      └────────────────────┘
```

图 3.1　技术路线

3.1　基于网络爬虫获取青花瓷真彩色图像数据集

3.1.1　青花瓷图像的获取

为了保证数据来源真实可靠，经过调研最终确定选择故宫博物院提供的陶瓷藏品，同时为了快速批量获取各个年代的青花瓷图像，我们使用网络爬虫技术从故宫博物院官网批量获取各个年代的青花瓷图像（郭

丽等，2021）。网络爬虫技术相比人工获取数据能大量节省时间，同时能够在海量数据中快速、准确找到获得所需的年代藏品数据。爬虫使用的编程语言是 Python 和 JavaScript，依赖库主要是 lxml、js、py_mini_racer、Scrapy、Pillow、OpenCV 等。其中 lxml 是一个使用 C 语言编写的第三方库，它结合了速度以及简单方法提起结构化 XML 的优点，对于在网页中提取数据很方便。

网络爬虫技术该方法作为一种数据采集工具具有显著的优点。首先，它具备快速、高效的特点，能够自动化地访问网页、提取信息，从而大幅提高数据获取速度。其次，网络爬虫能够实现大规模数据抓取，使得对广泛信息进行全面收集成为可能。此外，爬虫技术对于监测竞争对手、市场趋势以及进行科学研究等领域有着广泛应用，为用户提供了丰富的信息资源。然而，随着前端技术的不断发展，爬虫面临着一系列注意事项。首先，爬虫需要遵循合法合规的原则，尊重网站的使用协议，避免对服务器造成过大负担，以维护良好的网络伦理。其次，对于一些信息敏感、隐私保护的网站，爬虫的使用需要更为慎重，要确保数据采集的合法性和道德性。最后，随着爬虫技术的广泛应用，产生的大量数据也带来了数据隐私、滥用等问题，因此需要建立健全的法规和伦理准则来规范爬虫行为，维护互联网生态的健康发展。总体而言，网络爬虫技术在充分发挥其优势的同时，需要面对合规性、伦理性等方面的挑战，以确保其应用的可持续发展。本文在使用网络爬虫技术时，遵守相关法规和道德准则，确保数据采集的合法性和透明度，以促使互联网信息的有序发展。

在图像网络获取的过程中，会有一些不是青花瓷的图像被意外下载，对待这个问题，我们使用的是 TensorFlow HUb 的目标探测模型，对于不是瓷器的图像选择放弃下载，很大程度减轻了人工去错的压力。由于网络请求耗时太长，我们需要充分利用多线程提高效率，同时考虑 Python 多线程不能充分利用多核，加入了多线程也是我们提高效率的方法。

最终，使用网络爬虫技术获取到明清时期 24 个年代的青花瓷图像，为了之后使用深度学习模型进行青花瓷文物图像分类，通过筛选最终选择数据量较为丰富且具有代表性的10个年代青花瓷文物图像进行后续研究。其中，10个年代分别为：明成化、明嘉靖、明隆庆、明万历、明宣德、明永乐、明正德、清康熙、清乾隆、清雍正（图 3.2）。选取的年代包含明早期青花、明空白期青花、明中期青花、明晚期青花以及清前期青花、清中期青花，在明清青花瓷制作史上具有相当的代表性。

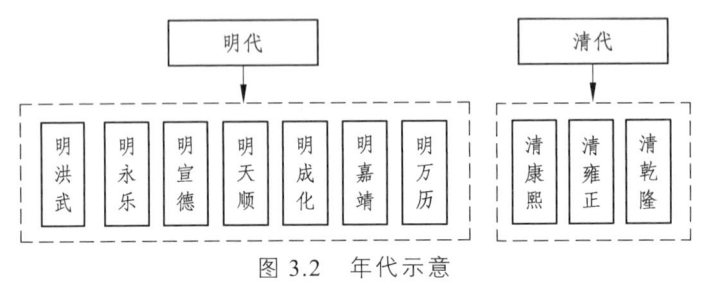

图 3.2 年代示意

3.1.2 青花瓷图像的预处理

深度学习模型结构复杂，利用其进行图像分类需要庞大的数据量，图像数据集的规模和质量直接影响模型的效果，利用网络爬虫技术批量下载博物馆官方提供的青花瓷文物图像可以大大提高数据获取的效率。图像的预处理工作也是非常重要的环节，预处理的主要目的是筛选特征图像，突出待识别图像的特征，才能有效扩充数据集。

3.1.2.1 图像分类

利用深度学习进行图像分类任务时往往需要大量的数据，充足的数据才可以对模型进行更好的训练，进而得到更具鲁棒性的分类模型。模型的分类效果直接受到图像数据集的规模和质量影响。故宫博物院官网获取的景德镇青花瓷图像数量不够支撑深度学习需要的数据量，本书在扩充数据集时采用数据增强的方法来进行，使用的具体方法包括随机角度翻转、添加随机噪声、增加亮度和对比度，同时通过数据增强的方法还能够缓解过拟合问题。

3.1.2.2 图像裁剪

基于 Python 的图像裁剪主要用到的是 OpenCV 库和 PIL（Python Imaging Library）库。OpenCV 是一个基于 BSD 许可（开源）发行的跨平台计算机视觉和机器学习软件库，可以运行在 Linux、Windows、Android 和 Mac OS 操作系统上。它轻量级而且高效——由一系列 C 函数和少量 C++ 类构成，同时提供 Python、Ruby、MATLAB 等语言的接口，实现了图像处理和计算机视觉方面的很多通用算法。主要用于图像分割、机器视觉、人机互动等相关研究。

PIL 是 Python 一个强大方便的图像处理库。PIL 库可以完成图像归档和图像处理两方面功能需求：

（1）图像归档：对图像进行批处理、生成图像预览、图像格式转换等。

（2）图像处理：图像基本处理、像素处理、颜色处理等。

3.1.2.3 图像增补

由于获取的图像大小不一，为了便于后续研究工作的顺利开展，先对图像数据进行裁剪处理，统一裁剪成大小为 224*224 像素，图像增补如图 3.3 所示。为了避免裁剪后出现变形等失真情况，裁剪之前先将图像补成以原图像的长边为边长的正方形，再批量对其进行裁剪。

图 3.3　图像增补

裁剪流程如图 3.4 所示，为了获得原图像的长和宽，先用 Image.fromarray 函数实现从数组到图像的转换，再通过函数 image.size 获取原图像的长和宽，将原图像的长度作为正方形的边长生成正方形的底图，底图的 R、G、B 赋值都为 127，因此生成的是灰色的底图。在此基础上，将图像裁剪成 224*224 像素，使用到的是 image.resize 函数。

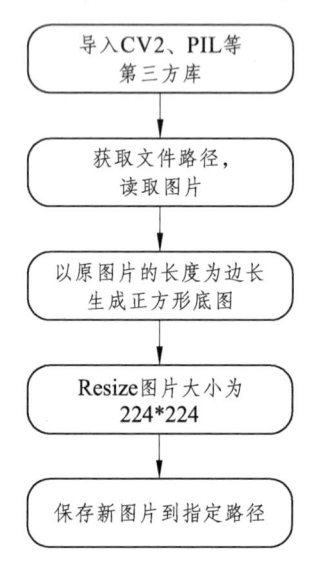

图 3.4　青花瓷文物图像整体裁剪流程

将图像进行整体裁剪，实际上类似图像缩放，并没有真的裁剪掉图像的有效信息。图 3.5 是青花瓷文物图像整体裁剪的结果。

为了更细致地描述青花瓷器的特征，同时达到数据集扩充的目的，我们进行了图像的局部裁剪，获得每张图像的一些局部区域来作为输入进行青花瓷器的分类。如果从图像左上角或右下角等处进行裁剪，会得到大量图像的背景信息，为了保证每张裁剪后的图像信息有效，分别以每张图像长和宽的 1/1.5 处、1/2 处、1/2.5 处和 1/3 处为中心进行局部裁剪，裁剪的图像大小为 100*100 像素（图 3.6）。裁剪用到的函数是 image.crop，最后将裁剪后不包含青花瓷器特征的图像或只包含少量特征的图像删除。

3 基于真彩色图像的景德镇青花瓷鉴别分类

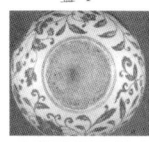

青花缠枝莲托八吉祥纹碗-1	青花缠枝莲纹执壶-1	青花缠枝莲纹盖罐-1	青花缠枝莲纹盖罐-2
青花蕃莲纹卧足碗-1	青花蕃莲纹卧足碗-2	蓝釉白花鱼莲纹盘-1	蓝釉白花鱼莲纹盘-2
青花缠枝莲托八吉祥纹碗-1	青花缠枝花纹天球瓶-1	青花缠枝花纹天球瓶-2	蓝釉白花鱼莲纹盘-3
青花阿拉伯花纹绶带耳葫芦扁壶-1	青花海水白龙纹扁壶-1	青花缠枝莲纹执壶-1	青花缠枝莲纹执壶-2

图 3.5 青花瓷文物图像整体裁剪结果图
（以明宣德时期部分样本为例）

蓝釉白花鱼莲纹盘	青花阿拉伯花纹绶带耳葫芦扁壶	青花缠枝花纹天球瓶	青花缠枝莲纹盖罐	青花缠枝莲纹执壶	青花海水白龙纹扁壶
青花海水蕉叶纹尊	青花蓝查体梵文出戟法轮盖罐	青花菱形开光双凤穿莲花纹长方炉	青花鸾凤纹葵瓣式洗	青花牵牛花纹四方委角瓶	青花松竹梅纹盘

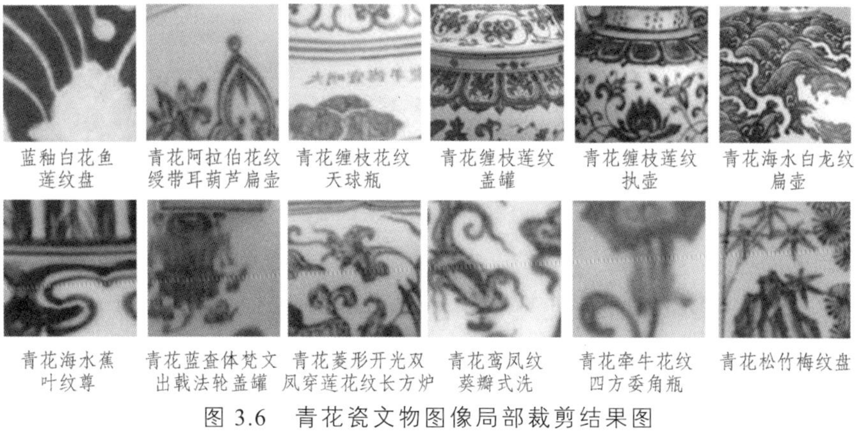

图 3.6 青花瓷文物图像局部裁剪结果图
（以明宣德时期部分样本为例）

· 059 ·

从故宫博物院官网获取的数据经筛选后，每个朝代只有几十张图像，数据量远远不够，而数据增强可以有效增加训练样本、减少网络的过拟合现象，通过对训练图像进行变换可以得到泛化能力更强的网络，更好地适应应用场景。运用爬虫技术获得的数据样本相对于神经网络需要的训练样本数而言太少了，并且一张图片通过移位、旋转、翻转、缩放，调整亮度、饱和度等处理后，计算机会认为这是不同的图片，因此，可以通过数据增强来获取海量数据样本。因此采用数据增强来扩充数据集，使扩充后的数据集满足输入深度学习模型的需要。具体方法有添加椒盐噪声、高斯噪声、旋转、调整图像亮度等。数据增强后的图片如图3.7所示。

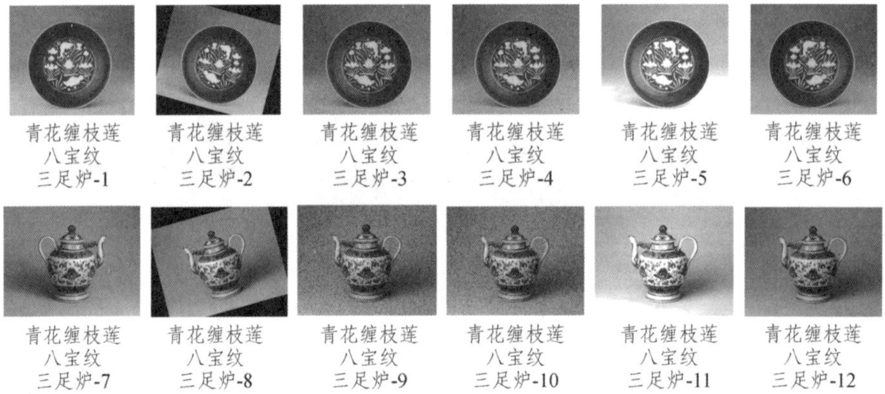

图 3.7 青花瓷文物图像数据增强结果图
（以明宣德时期部分样本为例）

改变亮度值后的图片如图3.8所示。下面将不同年代景德镇青花瓷图像数据集进行柱状图展示，可以清楚地看到每个年代青花瓷种类数量的分布情况。如图3.9所示为青花瓷数据集的训练数据集分布情况。

首先，由于imread不能直接读取中文路径的图像，所以读取中文路径的图像用cv2.imdecode（np.fromfile（file_path，dtype=np.uint8），-1）来解决——先用np.fromfile读取为np.uint8格式，再使用cv2.imdecode解码。然后对每张图像进行以下处理：分别添加30%的椒盐噪声和高斯

3 基于真彩色图像的景德镇青花瓷鉴别分类

噪声，以图像中心为旋转中心旋转 15°，调整图像的亮度为原来的 90% 和 150%，使其更暗或更亮，这样最终得到的图像数量是原来的 5 倍。

青花经文观音菩萨图碗-1　青花经文观音菩萨图碗-2　青花经文观音菩萨图碗-3　青花经文观音菩萨图碗-4

青花开光花鸟纹盘-1　青花开光花鸟纹盘-2　青花开光花鸟纹盘-3　青花龙凤纹出戟花觚-4

青花婴戏图圆盒-1　青花婴戏图圆盒-2　青花鱼藻纹蒜头瓶-1　青花云龙双耳炉-4

青花龙穿花纹梅瓶-1　青花龙凤纹出戟花觚-3　青花异兽纹花觚-1　青花婴戏图圆盒-2

图 3.8　改变亮度值后的青花瓷文物图像
（以明万历时期部分样本为例）

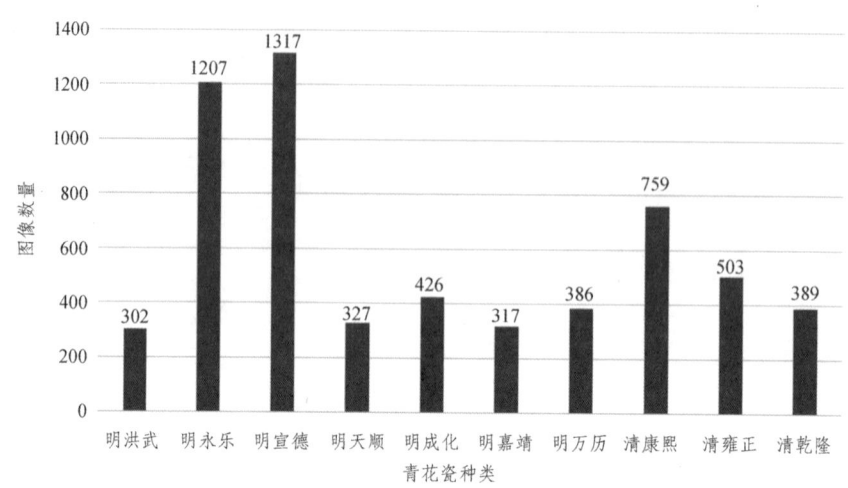

图 3.9 青花瓷图像训练数据集柱状图

原始数据集总计 348 张图像，经过数据增强和随机裁剪后总计 7709 张图像，根据图像展示的优劣对不符合实验要求的图像进行剔除，最后参与实验的图像数据总计 5933 张。图 3.10 所示为青花瓷原始数据集分布情况，表 3.1 为青花瓷图像数据集划分。

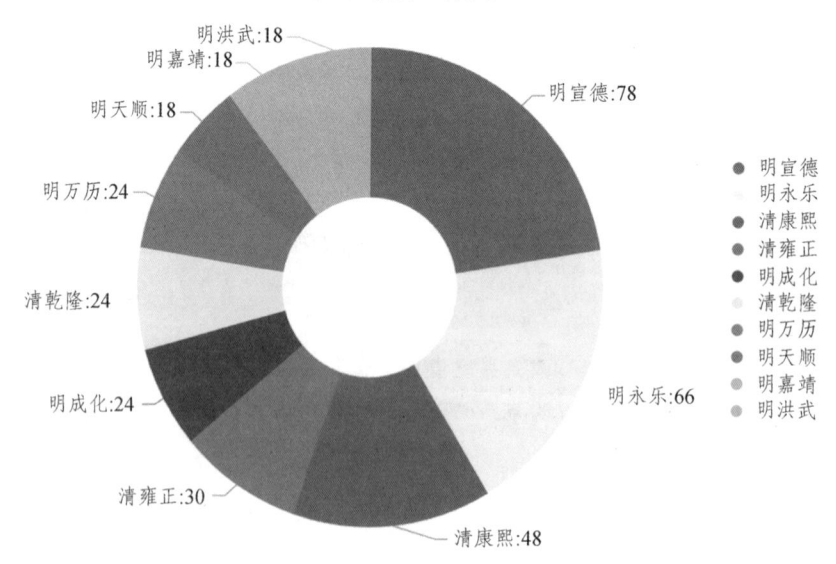

图 3.10 青花瓷图像原始数据集

3 基于真彩色图像的景德镇青花瓷鉴别分类

表 3.1 青花瓷图像数据集划分

编号	年代	图像数量	训练集	测试集
1	明宣德	1317	1032	285
2	明永乐	1207	971	236
3	清康熙	759	609	150
4	清雍正	503	389	114
5	清乾隆	389	311	78
6	明万历	386	290	96
7	明成化	426	342	84
8	明嘉靖	317	261	56
9	明洪武	302	239	63
10	明天顺	327	255	72

在深度学习中，通常在模型训练前都会对图像进行归一化处理，将特征值调整到相近的范围。不归一化处理时，如果特征值较大，梯度值也会较大，特征值较小时，梯度值也会较小。在模型反向传播时，梯度值更新与学习率一样，当学习率较小时，梯度值较小会导致更新缓慢，当学习率较大时，梯度值较大会导致模型不易收敛，因此为了使模型训练收敛平稳，对图像进行归一化操作，把不同维度的特征值调整到相近的范围内，就可以采用统一的学习率加速模型训练。

对数据集图像进行归一化处理是利用深度学习进行图像分类任务时的重要环节，图像归一化是将数据集中的图像在大小和像素值两个方面置于一个共同的统计分布中，实现数据的一致性。经过归一化处理，像素值将调整到（0，1）区间，可以加速模型训练。具体公式如下：

$$\text{norm} = \frac{x_i - \min(x)}{\max(x) - \min(x)} \quad (3.1)$$

式中 norm——图像像素值输出；

x_i——图像像素值输入；

max——图像像素的最大值；

min——图像像素的最小值。

经过归一化处理将像素值调整到（0，1）区间。如图 3.11 所示为部分经过归一化处理的青花瓷图像。

在进行数据集划分时，如果将增强后的图像数据和原始数据放在一起划分会引发数据泄露的问题。本章在进行数据集的划分时，将每一张原始数据和其增强后的图像数据看作是一组，训练集和测试集按照 4∶1 的比例进行随机划分，每一组数据只会被一起分到训练集或者测试集，确保划分数据集时不发生数据泄露影响实验结果。

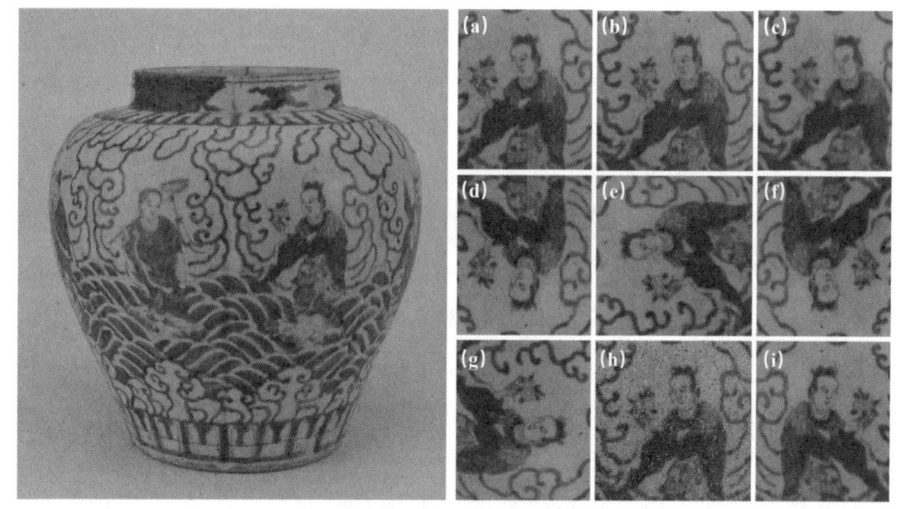

图 3.11 增强后图像数据集示意图

（以明天顺青花八仙罐为例）

注：左图为归一化处理得到的青花瓷整体图像，右图（a）~（i）为处理得到的青花瓷细节样本图。

3.2 图像分类经典网络模型

在先前的研究中，进行图像分类任务时对图像特征进行提取多是手动进行，之后再使用分类器进行分类，这种方式往往需要大量人力、物力，同时只有有效的图像特征才可以提高图像分类的性能。近几年来，卷积神经网络在机器学习和计算机视觉领域取得了巨大的成功。由于卷积神经网络特征提取的鲁棒性，研究人员将其用于各种应用中。最初，Alex 等人提出了一个进化的卷积神经网络模型，名为 AlexNet，用于图像分类任务。为了进一步提高识别精度，研究人员提出了更深层的 VGG 网络模型和增加残差模块的 ResNet 网络模型。本书采用深度学习学习技术对历代景德镇青花瓷进行年代分类，其关键是建立不同年代景德镇青花瓷分类模型，分别使用 VGG16 和 ResNet50 两种经典网络模型，对网络模型进行修改再进行不同年代景德镇青花瓷真彩色图像分类，通过 VGG16 和 ResNet50 网络模型在本书中图像分类任务上的比较，分析两者的分类效果。下面将对不同年代景德镇青花瓷分类模型的建立进行研究。

3.2.1 网络模型的选择

利用不同的模型进行分类，分别有 VGG16、AlexNet、DenseNet、GoogleNet、Inception_v3、Resnet50 和 Squeezenet 等网络模型，从中选出更优的网络模型来进行分类。下面是对这些网络结构模型的介绍。

AlexNet 网络结构具有如下特点：① AlexNet 在激活函数上选取了非线性非饱和的 relu 函数，在训练阶段梯度衰减快慢方面，relu 函数比传统神经网络所选取的非线性饱和函数（如 sigmoid 函数，tanh 函数）要快得多。② AlexNet 在双 GPU 上运行，每个 GPU 负责一半网络的运算。③ 采用局部响应归一化（LRN）。对于非饱和函数 relu 来说，不需要对其输入进行标准化，但 Alex 等人发现，在 relu 层加入 LRN，可形成某种形式的横向抑制，从而提高网络的泛化能力。④ 池化方式采用 overlapping pooling，即池化窗口的大小大于步长，使得每次池化都有重叠的部分。VGG16 网络深，卷积核小，池化核小（与 AlexNet 的 33 池化核相比，VGG 全部用的是 22 的池化层）全连接转卷积。

DenseNet 网络结构具有如下特点：① 省参数。在 ImageNet 分类数据集上达到同样的准确率，DenseNet 所需的参数量不到 ResNet 的一半。对于工业界而言，小模型可以显著地节省带宽，降低存储开销。② 省计算。达到与 ResNet 相当的精度，DenseNet 所需的计算量也只有 ResNet 的一半左右。计算效率在深度学习实际应用中的需求非常强烈，从本次 CVPR 会上大家对模型压缩以及 MobileNet 和 ShuffleNet 这些工作的关注就可以看得出来。最近我们也在搭建更高效的 DenseNet，初步结果表明 DenseNet 对于这类应用具有非常大的潜力，即使不用 Depth Separable Convolution 也能达到比现有方法更好的结果，预计在近期我们会公开相应的方法和模型。③ 抗过拟合。DenseNet 具有非常好的抗过拟合性能，尤其适合于训练数据相对匮乏的应用。对于 DenseNet 抗过拟合的原因有一个比较直观的解释：神经网络每一层提取的特征都相当于对输入数据的一个非线性变换，而随着深度的增加，变换的复杂度也逐渐增加（更多非线性函数的复合）。相比于一般神经网络的分类器直接依赖于网络最后一层（复杂度最高）的特征，DenseNet 可以综合利用浅层复杂度低的特征，因而更容易得到一个光滑的具有更好泛化性能的决策函数。实际上，DenseNet 的泛化性能优于其他网络是可以从理论上证明的：2017 年的一篇几乎与 DenseNet 同期发布在 arXiv 上的论文（AdaNet：Adaptive Structural Learning of Artificial Neural Networks）所得出的结论表明类似于 DenseNet 的网络结构具有更小的泛化误差界。④ 泛化性能更强。如果没有 data augmention，CIFAR-100 下，ResNet 表现下降很多，DenseNet 下降不多，说明 DenseNet 泛化性能更强。

GoogleNet 网络架构的主要特点：① 提升了对网络内部计算资源的利用。② 增加了网络的深度和宽度，网络深度达到 22 层（不包括池化层和输入层），但没有增加计算代价。③ 参数比 2012 年冠军队的网络少了 12 倍，但是更加准确。

Inception_v3 网络结构在图像分类任务中，显著特征的像素上的大小

显然会是不固定的。因此，去决定使用一个较大的 kernel 或是较小的 kernel 会比较难以决定。较大的 kernel 能关注到更 global 的特征，相应的较小的 kernel 则可以关注到具体区域内的特征。为了能识别到可大可小的特征，我们需要不同大小的内核，Inception 网络就是解决这样的问题的。它并不是简单的 go deeper 的网络，而是 go wider。它做到了在同一层中使用到不同大小的核。Inception 的可以训练找到最佳的最适合的网络。每一个模块可以在不同层级捕捉显著特征。全局特征往往可以在 5*5 的卷积层中找到，而分布式特征容易在 3*3 的卷积层捕捉到。池化层可以负责捕捉 low-level 特征。每一个层级的特征都可以被提取出来并且链接输送给下一层训练。让网络训练去决定哪些特征获得较高的权重。比如说，如果数据集中的图像具有丰富的全局特征，而没有太多低级特征，那么训练后的 Inception 网络与 5*5 conv 核相比，对应 3*3 conv 核的权重会非常小。

  SqueezeNet 是 Han 等提出的一种轻量且高效的 CNN 模型，它参数数量是 AlexNet 的 1/50，但模型性能（Accuracy）与 AlexNet 接近。在可接受的性能下，小模型相比大模型，具有很多优势：① 更高效的分布式训练，小模型参数小，网络通信量减少。② 便于模型更新，模型小，客户端程序容易更新。③ 利于部署在特定硬件如 FPGA，因为其内存受限。因此研究小模型是很有现实意义的。

  通过不同模型进行分类对比精度发现，VGG16 和 ResNet50 两种网络模型精度较高，所以选择这两个模型进行调整，建立青花瓷年代判别模型（表 3.2）。本研究采用深度学习学习技术对历代景德镇青花瓷进行年代分类，其关键是建立不同年代景德镇青花瓷分类模型，分别使用 VGG16 和 ResNet50 两种经典网络模型，对网络模型进行修改再进行不同年代景德镇青花瓷真彩色图像分类，通过 VGG16 和 ResNet50 网络模型在本研究图像分类任务上的比较，分析两者的分类效果。下面将对不同年代景德镇青花瓷分类模型的建立进行研究。

表 3.2　不同模型进度对比

模型精度对比	
网络模型	分类精度
VGG16	54%
AlexNet	48.60%
DenseNet	42.80%
GoogleNet	48%
Inception_v3	45.40%
Resnet50	51.70%
Squeezenet	48%

3.2.2　VGG 网络模型

2015 年牛津大学的 K. Simonyan 和 A. Zisserman 在进行图像分类任务时，首次提出了 VGGNet 网络模型，VGGNet 网络模型最初是为了探索网络的深度对于图像分类准确度的影响，VGGNet 需要更深的层数，因此会产生巨大的参数，为了避免参数过多对训练时间造成影响，通过叠加 3*3 的小卷积核代替 5*5 或者是 7*7 的较大卷积核。

VGG-16 在图像分类和识别领域获得许多成就（张驰等，2021）。Li 等人使用开源深度学习框架 Gaffe 和改进的 VGG 网络模型来训练蔬菜图像，从而进一步提高了蔬菜自动分类的准确性。将 VGG-M 网络添加到批处理规一化层，以加快网络的收敛速度和提高了网络的准确性。批量归一化成熟度的增加可以将收敛速度提高近三倍，数据集训练规模的增加可以提高模型的泛化能力。对不同数量的蔬菜图像进行训练的实验结果表明，与传统的 VGG 和 AlexNet 相比，该算法的精度有了很大提高。Zhijing Xu 等人改进了 VGG16 的网络全连接层，以获得用于青光眼眼底图像数据识别的简化模型 Reduce-VGGNet（R-VGGNet）。结果表明，与 LeNet 相比，改进的 R-VGGNet 的准确率达到 91.7%。

VGGNet 模型的创新点：① 使用 3*3 卷积核代替 7*7 卷积核。当两个 3*3 卷积核叠加时，它们的感受野等于一个 5*5 卷积核。当三个卷积核叠加时，它们的感受野等于一个 7*7 效应。由于感受野相同，三个 3*3 卷积使用三个非线性激活函数，这增加了非线性表达能力，可以提供更复杂的模式学习。使用 3*3 卷积核可以减少参数。通常，使用 3*3 卷积核堆栈的形式不仅增加了网络层的数量，还减少了参数的数量。② VGG 的 C 网络结构使用多个 1*1 卷积核。在保持特征层大小不变的前提下（即不损失分辨率），可以大大提高非线性表达能力，使网络更深入。也就是说，1*1 大小的卷积核优点在于，在感受野不变的情况之下，进行卷积核通道数的升维与降维，并加深神经网络模型的深度。

VGGNet 模型有 VGG16 ~ 19，数字代表模型的深度。VGG16 网络模型名称来源于它所具有的 13 个卷积层和 3 个全连接层，两者之和正好是 16 层网络。VGG16 网络模型成功构建还需要 3*3 卷积核和 2*2 的最大池化层的重复堆叠。VGG16 共进行 5 次池化，将 16 个卷积层分成 5 组，样本图像每通过一个池化层，图像的大小会减半，所以每次的卷积层深度分别为 64、128、256、521 和 512。前两个全连接层为 1*1*4096，最后一个全连接层进行全连接和 ReLU 操作，维度为 1*1*1000，最多可以进行 1000 种类别的分类，最后采用 softmax 作为网络模型的分类器，计算输入图像属于某一类的概率，如图 3.12 所示。

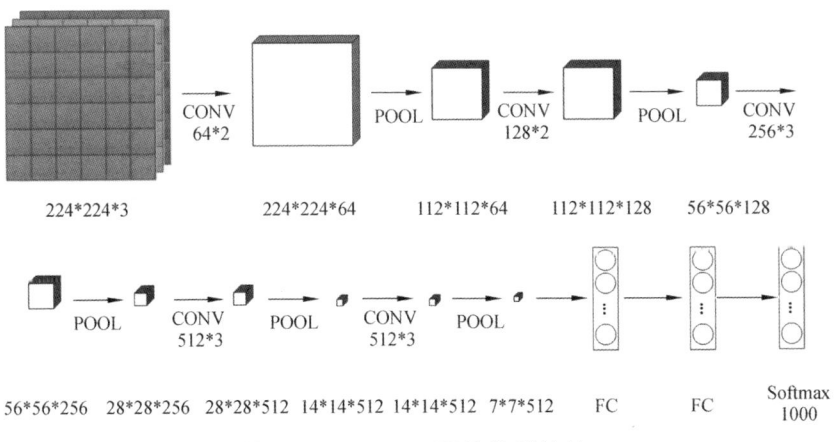

图 3.12 VGG16 网络模型结构

3.2.3 ResNet 网络模型

通常，CNN 的层数越多，识别效果就越好，但是这种情况在层数增加到一定程度后就会出现变化，此时继续增加模型的层数会使识别效果不增反减，这种情形称为梯度消失。为避免出现梯度消失问题，何凯明等人（HE K, et al., 2016）在 2016 年提出 ResNet 网络，ResNet 网络的引入解决了传统神经网络中卷积层增加导致的梯度色散问题（范新磊，2022）。ResNet 网络由两部分组成：残差映射（Residual Mapping）和恒等映射（Identity Mapping）。对于之前的网络，神经网络的层数越深，理论上表达能力越强，但当达到一定深度时，会导致梯度分散或梯度爆炸。尽管可以通过输入数据和中间层数据的归一化操作来训练具有数十层的网络，但会出现退化问题，即随着网络层数的增加，训练集上的精度达到饱和甚至降低。因此，为了解决上述问题，ResNet 通过学习恒等的映射函数将模型保持为浅层网络。

ResNet 网络结构如图 3.13 所示，红色虚线连接线为捷径连接（Shortcut）。增加捷径连接可以避免梯度消失问题，或者缓解精度饱和问题；同时，增加捷径连接可以减少更高的训练错误。因为捷径连接有效地简化了网络，在初始训练阶段使用了更少的层。所以捷径连接不仅没有增加计算复杂度，而且还减少信息传递过程中的参数量，大大提高模型特征提取和学习的效率，这正是 ResNet 的核心思想。

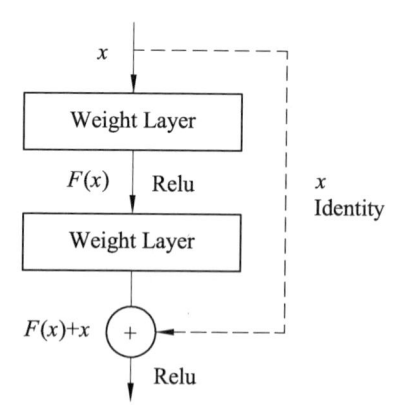

图 3.13 残差单元结构

ResNet 网络有 18 层、50 层、101 层等版本，最常用的是 ResNet50 网络模型，ResNet50 网络模型名称来源和 VGG16 相同，数字都是表示

网络层数，ResNet50 网络模型由 49 层卷积层加 1 个全连接层组成，结构如图 3.14 所示。当一幅 224*224*3 的图像输入后，图像经过 Zero Pad 和 Conv2d 后提取到的大小是 112*112*64 的特征图，经由池化运算，将特征图降至 56*56*64，经过 Stage-2 到 Stage-5 的运算后，得到 7*7*2048 的特征图，再由平均池化运算输出特征图，特征图此时大小是 1*1*2048，然后经过全连接层运算到达 Softmax 分类器，最终得出图像的分类预测概率值。

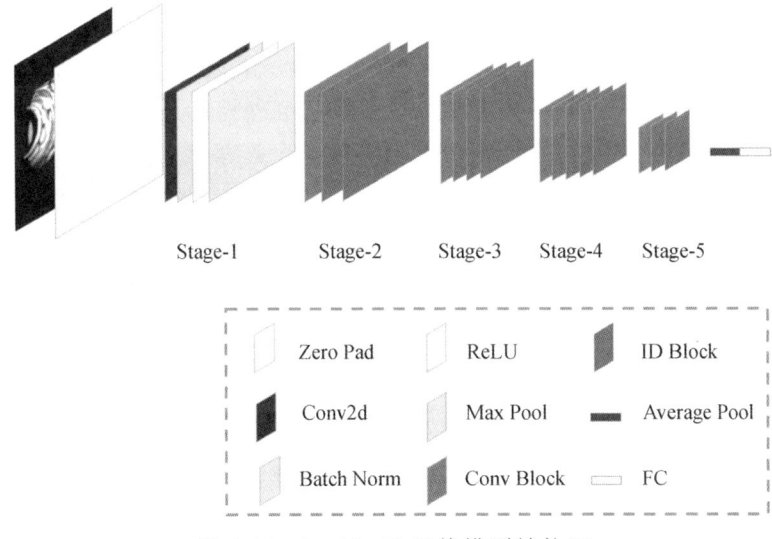

图 3.14 ResNet50 网络模型结构图

3.3 基于迁移学习的青花瓷年代分类模型

3.3.1 青花瓷年代分类模型

3.3.1.1 网络模型结构

本章基于真彩色图像构建不同年代景德镇青花瓷分类模型，将上述两种经典的图像分类模型——VGG 网络模型和 ResNet 网络模型结构进行

调整以适用本书的不同年代景德镇青花瓷真彩色图像数据。

（1）首先对不同年代景德镇青花瓷真彩色图像进行预处理操作，主要包括：随机裁剪、图像数据增强和归一化等过程，提高模型泛化能力和抗干扰能力，同时还可以扩充数据集的大小并且增加网络的鲁棒性。最后使用图像归一化处理提高网络模型训练的效率。

（2）对 VGG16 和 ResNet50 网络模型进行调整，将模型卷积层的参数全部冻结，只对模型的最后一层，即模型的全连接层进行修改，将原网络的输出类别个数修改为 10 类，来适应本书不同年代景德镇青花瓷图像数据分类。

（3）使用迁移学习的方法对网络模型进行训练，首先加载 ImageNet 数据集上的模型参数和预训练权重，对模型全连接层进行修改，选择随机梯度下降（Stochastic Gradient Descent，SGD）优化算法，选择交叉熵损失函数。

3.3.1.2　优化算法选择

目前，机器学习里优化算法的研究内容主要和数据有关。主要的数据格式有三种：① 统计分布意义上的独立同分布数据，并且都具有一个求期望的结构；② 存在求期望结构的图模型数据；③ 本质结构是求期望的序列数据。这三类机器学习数据的共性是都以统计期望的形式表达问题，因此随机优化算法成为机器学习优化最基础的研究方向之一，其中随机梯度下降（SGD）作为最常用的优化算法之一，也是目前最常用的神经网络优化算法之一，基于随机梯度的优化算法在许多科学和工程领域都起了重要作用，许多机器学习的问题都可以转化为对其参数的辅助目标函数的优化问题。

随机梯度下降（SGD）作为目前优化神经网络最基础的迭代算法，其基本思想是：用在随机、小批量的子集上计算出的梯度近似在整个数据集上计算出的真实梯度。它不同于批量梯度下降，批量梯度下降是将

全部的样本放入网络进行训练，随机梯度下降是在每次更新参数过程中随机选取一部分样本，使得训练速度加快。如公式（3.2），SGD 每一步用小批量样本迭代更新权重。

$$w_{i+1} = w_t + \Delta w_t$$
$$\Delta w_t = -\eta \nabla_w E(w_t) \qquad (3.2)$$

式中　η——算法的学习率；

$E(w_t)$——关于第 t 次迭代权重 w_t 的损失函数；

$\nabla_w E(w_t)$——权重 w 在 t 时刻关于损失函数的一阶梯度，简记为 g_t；

w_{i+1}——$t+1$ 时刻的权重值；

w_t——t 时刻的权重值；

Δw——梯度算子，即每次迭代的权重更新部分。

随机梯度下降优化算法的主要优点是：通过使用小批量的数据进行训练并优化网络，有效地分担计算过程中对 GPU 产生的压力；在训练时仅使用少量的数据，代表训练过程中会多次对梯度进行更新，在有些数据集当中可以加快其收敛速度。

3.3.2　迁移学习

深度学习模型在对输入的数据不断训练中进行完善，使最终得到的模型对于待测试数据具有较高的普适性，深度学习模型的优化程度决定着最后的分类结果的优劣。得到一个优化程度较高的深度学习模型，只能通过训练大量有标注的数据，在能获得大量数据的前提下，标注的数据还是占少数的，标注数据是一项需要耗费大量人力、时间的任务，同时，大数据就需要更强的配套设备，对绝大多数用户来说，专业的配套设备是不具备的。深度学习的目标是构建一个更加具有普适性的模型，通过这个模型能完成各种不同的任务，但这种有强大泛化能力的模型很难实现。可以通过学习某一领域的知识，再迁移到另一个领域，从而达到适用各种不同数据的情况。

青花瓷文物高光谱遥感
鉴别方法及其应用

随着数据规模和计算资源的快速增长，机器学习在理论和实践两方面都取得了长足进展。传统机器学习方法通常依赖于数据的生成机制不随环境改变这一基本假设。然而在机器学习的各种应用领域中，如大数据分析、自然语言处理、计算机视觉、生物信息学等，上述假设往往因为过于严格而难以成立。如何分析和挖掘非平稳环境中的大规模数据是现代机器学习最具有挑战性的前沿方向之一。迁移学习放宽了传统机器学习中训练数据和测试数据必须服从独立同分布的约束，因而能够在彼此不同但又相互关联的两个领域间挖掘领域不变的本质特征和结构，使得标注数据等有监督信息可以在领域间实现迁移和复用。

迁移学习（Transfer Learning），或称归纳迁移、领域适配，是机器学习中的一个重要研究问题，其目标是将某个领域或任务上学习到的知识或模式应用到不同的但相关的领域或问题中。迁移学习试图实现人通过类比进行学习的能力，例如学习走路的技能可以用来学习跑步，学习识别轿车的经验可以用来识别卡车等。与半监督学习、主动学习等标注数据稀缺解决风险的本质不同在于，迁移学习放宽了训练数据和测试数据服从独立同分布这一假设，从而使得参与学习的领域或任务可以服从不同的边缘概率分布或条件概率分布。迁移学习的主要思想是，从相关的辅助领域中迁移标注数据或知识结构、完成或改进目标领域或任务的学习效果。在很多工程实践中，为每个应用领域收集充分的标注数据代价十分昂贵，甚至是不可能的，因此从辅助领域或任务中迁移现有的知识结构从而完成或改进目标领域任务是十分必要的、是源于实践需求的重要研究问题。可以认为迁移学习是在最小人工监督代价下进行机器学习的一种崭新策略。在自然语言处理、计算机视觉、医疗健康与生物信息学等领域，目标任务的标注数据稀缺、领域分布异构等问题十分突出，迁移学习具有很强的现实需求。

本书主要是利用迁移学习，把模型在大型数据集 ImageNet 上学习到的图像分类知识成功运用到待解决的新的目标分类任务中，以不同年代景德镇青花瓷的纹饰、款识和造型等作为图像特征标签。迁移学习的优点包括：① 以现有的经典图像分类网络模型作为新搭建模型的基础，通过冻结经典图像分类网络模型的参数层，然后对卷积模型结构局部进行微调，构建本书景德镇青花瓷真彩色图像年代分类模型，并得到最终分类识别结果。② 迁移学习缩短了预训练时限，能显著提高模型分类效率，并提升分类任务质量。迁移学习训练过程如图 3.15 所示。

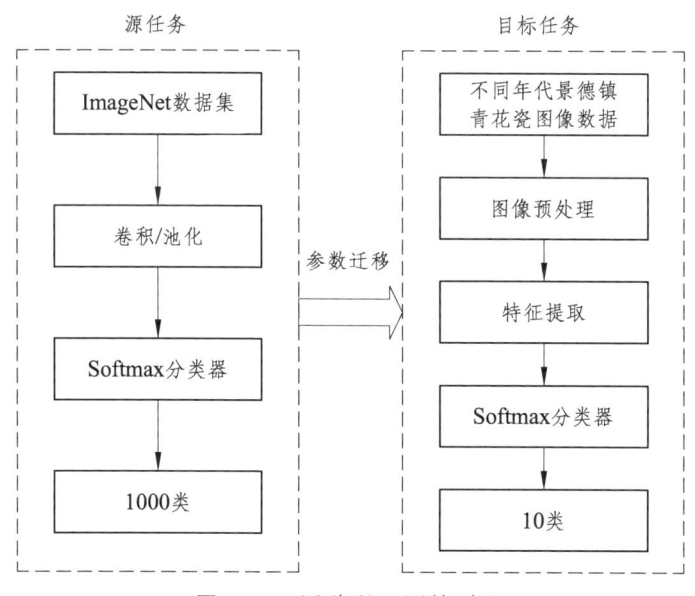

图 3.15 迁移学习训练过程

3.3.3 评价标准与结果分析

3.3.3.1 评价标准

在进行二分类任务时，选择对分类结果进行评价的指标通常采用 PR 曲线和 ROC 曲线，但在本书的多分类任务中并不适用，因此对于不同年代景德镇青花瓷真彩色图像的分类，本书首先通过常用的混淆矩阵来进行处理，矩阵为 k 行 k 列，行和表示参与实际验证的某个类别的总数，列

和表示被预测为某个类别样本的总数。构建混淆矩阵后，参与精度评价的参数主要包括以下 4 种。

1. 总体分类精度

总体分类精度（Overall Accuracy，OA）是正确分类的样本数量与总样本数量的百分比。其中正确分类的样本数量为混淆矩阵对角线之和，其计算公式如下：

$$\mathrm{OA} = \frac{\sum_{i=1}^{k} p_{i,i}}{N} \times 100\% \tag{3.3}$$

2. 生产者精度

生产者精度（Producer's Accuracy，PA）表示正确为某类样本 i 的数量与该类别真实样本总数的百分比。即混淆矩阵对角线上数据与该行数值之和的百分比。其计算公式如下：

$$\mathrm{PA} = \frac{p_{i,i}}{\sum_{i=1}^{k} p_{i,j}} \times 100\% \tag{3.4}$$

3. 用户精度

用户精度（User's Accuracy，UA）表示被正确分为某类样本 i 的数量与整个实验被区分为该类的样本总数的百分比，即混淆矩阵对角线上数据与该列数值之和的百分比。其计算公式如下：

$$\mathrm{UA} = \frac{p_{i,i}}{\sum_{j=1}^{k} p_{j,i}} \times 100\% \tag{3.5}$$

4. F1-score

F1-score 被定义为生产者精度和用户精度的调和平均数，它综合了生产者精度和用户精度的产出结果，F1-score 的取值范围从 0~1，本书为了将结果表示得更加直观，将 F1-score 的结果以百分号进行表示，100% 代表模型得到的分类效果最好，0 则代表模型得到的分类结果最差。其计算公式如下：

$$\text{F1-score} = 2 \times \frac{\text{PA} \times \text{UA}}{\text{PA} + \text{UA}} \times 100\% \qquad (3.6)$$

式中　OA——总体分类精度；

　　　PA——为生产者精度；

　　　UA——用户精度；

　　　k——分类结果类别总数；

　　　$\sum_{i=1}^{k} P_{i,i}$——矩阵中 i 行 i 列的值的总和；

　　　N——测试样本总数；

　　　$\sum_{i=1}^{k} P_{i,j}$——矩阵中的行和；

　　　$\sum_{j=1}^{k} P_{j,i}$——矩阵中的列和。

3.3.3.2　结果分析

分别采用 VGG16 和 ResNet50 网络模型对不同年代景德镇青花瓷图像数据集（表3.3）进行迁移学习，由于网络架构不同 VGG 模型使用30次迭代，ResNet 使用30次迭代。以景德镇青花瓷年代判别模型训练结果为例，得到两种模型的计算精度图像（图3.16）。

表 3.3　不同年代景德镇青花瓷图像数据集

年代	原始数据集	原始测试集	扩充后训练集	扩充后测试集
明宣德	312	78	1344	363
明永乐	283	71	1254	307
清康熙	182	46	791	196
清雍正	125	31	514	145
清乾隆	106	26	417	104
明万历	96	24	386	120
明成化	91	23	433	107

续表

年代	原始数据集	原始测试集	扩充后训练集	扩充后测试集
明嘉靖	77	19	338	75
明洪武	77	19	316	82
明天顺	72	18	327	90
合计	1421	355	6120	1589
总计		1776		7709

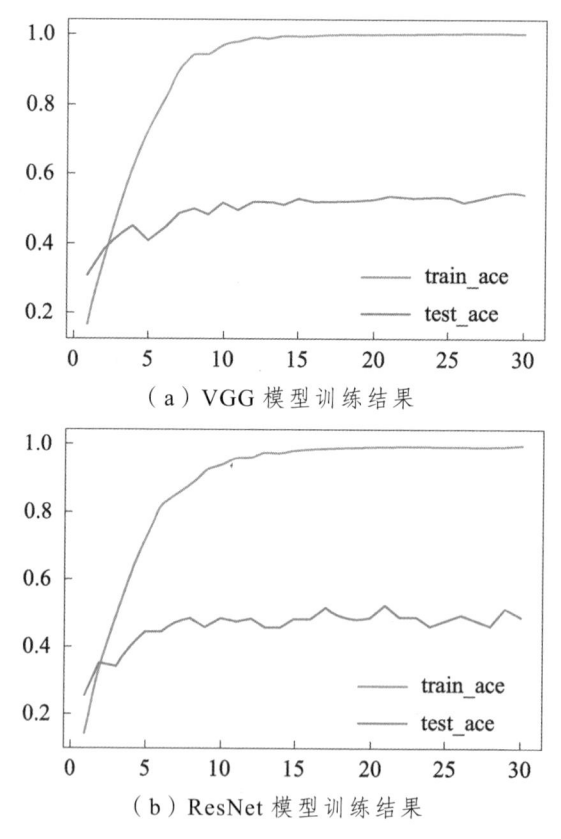

（a）VGG 模型训练结果

（b）ResNet 模型训练结果

图 3.16　青花瓷 VGG16 模型和 ResNet50 模型识别精度结果示意图

通过实验绘制出采用 VGG16 和 ResNet50 网络模型对不同年代景德镇青花瓷图像测试集进行分类的结果，结果以混淆矩阵的形式展示。图 3.17 为使用 VGG16 网络模型进行分类之后的结果，图 3.18 为使用 ResNet50 网络模型进行分类的结果。

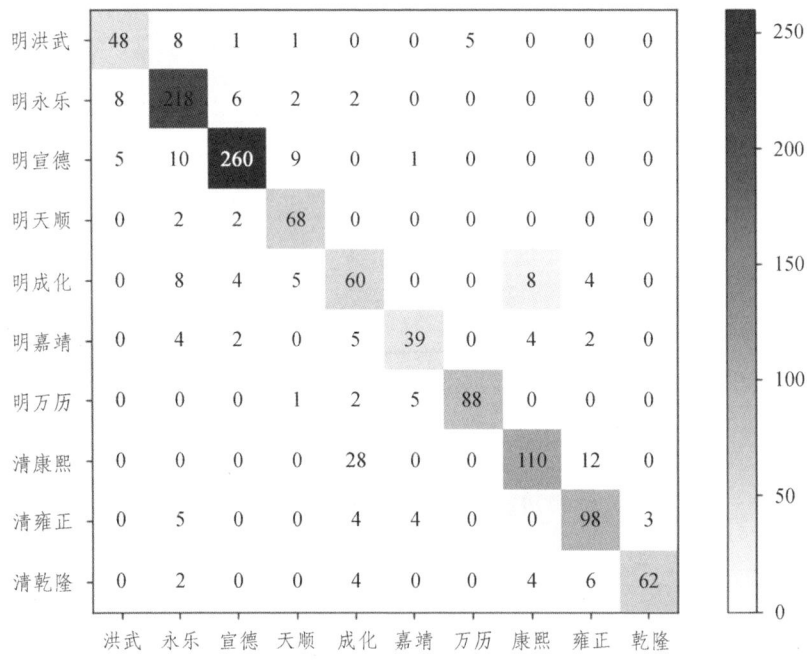

	洪武	永乐	宣德	天顺	成化	嘉靖	万历	康熙	雍正	乾隆
明洪武	48	8	1	1	0	0	5	0	0	0
明永乐	8	218	6	2	2	0	0	0	0	0
明宣德	5	10	260	9	0	1	0	0	0	0
明天顺	0	2	2	68	0	0	0	0	0	0
明成化	0	8	4	5	60	0	0	8	4	0
明嘉靖	0	4	2	0	5	39	0	4	2	0
明万历	0	0	0	0	0	5	88	0	0	0
清康熙	0	0	0	0	28	0	0	110	12	0
清雍正	0	5	0	0	4	4	0	0	98	3
清乾隆	0	2	0	0	4	0	0	4	6	62

图 3.17　VGG16 网络模型对不同年代测试集分类结果

注：洪武—万历属明代；康熙—乾隆属清代。

从图 3.17 可以看出，使用 VGG16 网络模型对不同年代景德镇青花瓷测试集图像进行分类，在选取的 1234 个测试样本集中，被正确分类的样本个数为 1051 个，明洪武的测试样本总计 63 个，其中有 48 个被正确分类；明永乐的测试样本总计 236 个，其中有 218 个被正确分类；明宣德的测试样本总计 285 个，其中有 260 个被正确分类；明天顺的测试样本总计 72 个，其中有 68 个被正确分类；明成化的测试样本总计 84 个，其中有 60 个被正确分类；明嘉靖的测试样本总计 56 个，其中有 39 个被正确分类；明万历的测试样本总计 96 个，其中有 88 个被正确分类；清康熙的测试样本总计 150 个，其中有 110 个被正确分类；清雍正的测试样本总计 114 个，其中有 98 个被正确分类；清乾隆的测试样本总计 78 个，其中有 62 个被正确分类。最终总体分类精度为 85.17%。

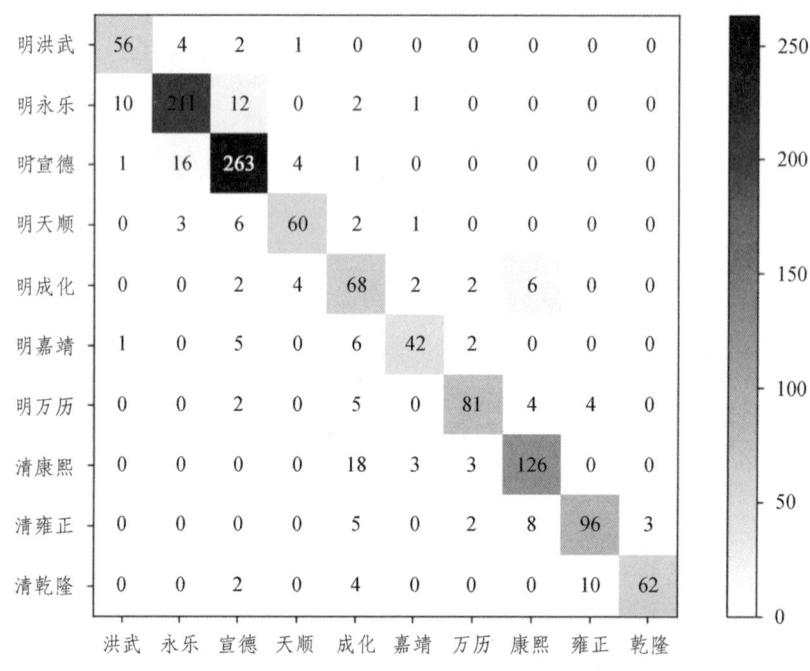

	洪武	永乐	宣德	天顺	成化	嘉靖	万历	康熙	雍正	乾隆
明洪武	56	4	2	1	0	0	0	0	0	0
明永乐	10	211	12	0	2	1	0	0	0	0
明宣德	1	16	263	4	1	0	0	0	0	0
明天顺	0	3	6	60	2	1	0	0	0	0
明成化	0	0	2	4	68	2	2	6	0	0
明嘉靖	1	0	5	0	6	42	2	0	0	0
明万历	0	0	2	0	5	0	81	4	4	0
清康熙	0	0	0	0	18	3	3	126	0	0
清雍正	0	0	0	0	5	0	2	8	96	3
清乾隆	0	0	2	0	4	0	0	0	10	62

图 3.18　ResNet50 网络模型对不同年代测试集分类结果

注：洪武—万历属明代；康熙—乾隆属清代。

从图 3.18 可以看出，使用 ResNet50 网络模型对不同年代景德镇青花瓷测试集图像进行分类，在选取的 1234 个测试样本集中，被正确分类的样本个数为 1065 个，明洪武的测试样本总计 63 个，其中有 56 个被正确分类；明永乐的测试样本总计 236 个，其中有 211 个被正确分类；明宣德的测试样本总计 285 个，其中有 263 个被正确分类；明天顺的测试样

本总计 72 个，其中有 60 个被正确分类；明成化的测试样本总计 84 个，其中有 68 个被正确分类；明嘉靖的测试样本总计 56 个，其中有 42 个被正确分类；明万历的测试样本总计 96 个，其中有 81 个被正确分类；清康熙的测试样本总计 150 个，其中有 126 个被正确分类；清雍正的测试样本总计 114 个，其中有 96 个被正确分类；清乾隆的测试样本总计 78 个，其中有 62 个被正确分类。最终总体分类精度为 86.30%。

混淆矩阵能够直观反映预测类别与真实类别之间的关系，通过混淆矩阵可以看到，某个年代的测试样本被错分到相邻年代的概率相对于非相邻年代的概率是较大的，造成这一现象的原因可能是景德镇青花瓷的制作在相邻年代之间存在过渡期，相邻年代之间的器物在造型和纹饰绘画技法上相差不大。同时通过混淆矩阵发现 VGG16 网络模型和 ResNet50 模型在将清朝（清康熙、清雍正、清乾隆）时期的景德镇青花瓷图像进行分类时，经常错分在明成化时期，通过查阅景德镇青花瓷制作史以及这三个年代的制作风格，清前期推崇仿前朝风格，导致清前期的景德镇青花瓷在造型上与明成化时期相近。

通过图 3.19 不同年代景德镇青花瓷测试集图像数量与用户精度的关系，图 3.20 不同年代景德镇青花瓷测试集图像数量与生产者精度的关系可以看出，VGG16 网络模型在对明宣德和明万历的测试样本进行分类时，生产者精度和制图精度都超过 90%，对明万历的测试样本分类效果最好。使用 ResNet50 网络模型进行分类时，明宣德测试样本的用户精度为 89.46%，生产者精度达到 92.28%，是所有测试样本中精度最高的一组，说明 ResNet50 网络模型对明宣德的测试样本分类效果最好。同时，由于不同年代景德镇青花瓷测试集图像数量不等，通过图 3.19 和图 3.20 可以看出当景德镇青花瓷测试集图像在某个年代有较多数量时，该年代在进行分类时的生产者精度和用户精度相对会高出其他年代。

青花瓷文物高光谱遥感
鉴别方法及其应用

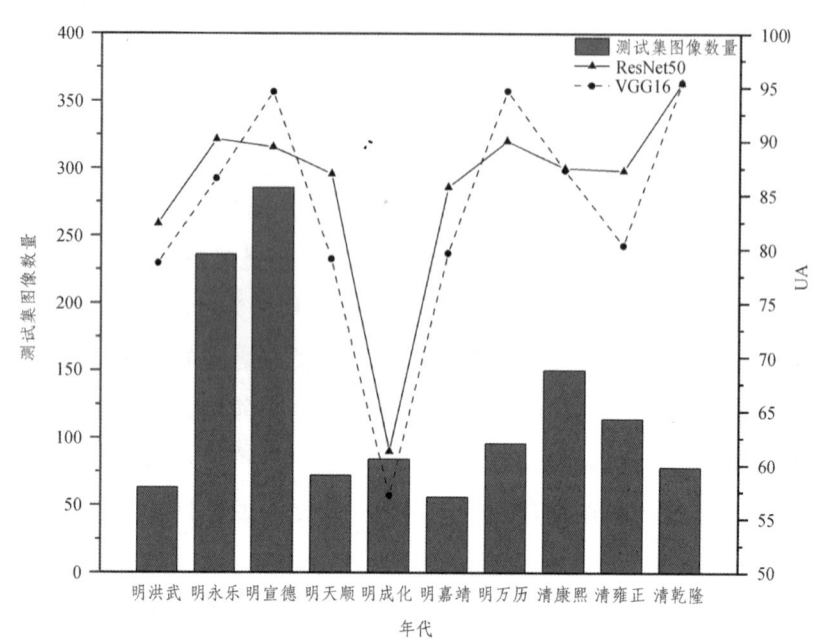

图 3.19　不同年代景德镇青花瓷测试集图像数量与用户精度关系

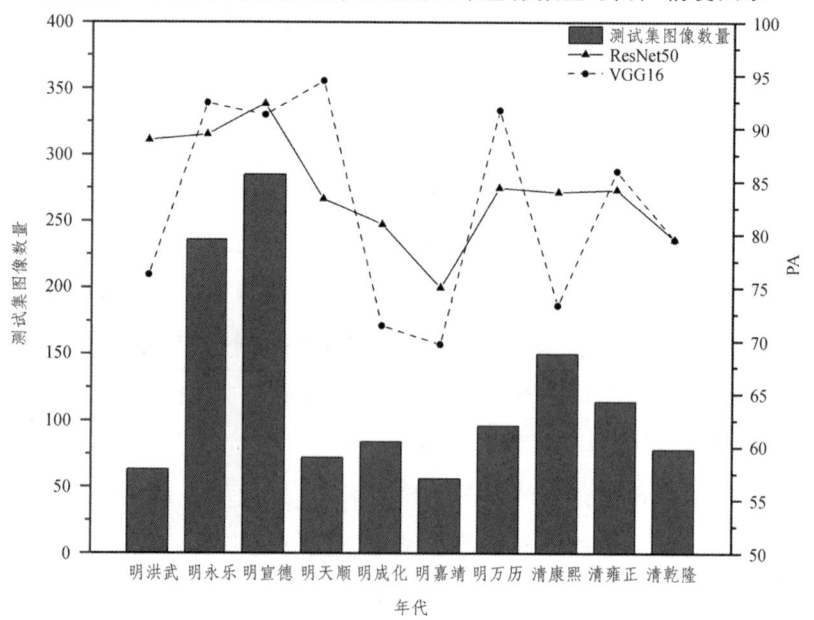

图 3.20　不同年代景德镇青花瓷测试集图像数量与生产者精度关系

· 082 ·

3 基于真彩色图像的景德镇青花瓷鉴别分类

图 3.21 为 VGG16 和 ResNet50 网络模型对不同年代景德镇青花瓷测试集图像进行分类后得到的 F1-score，通过图 3.21 我们可以得到在对明洪武、明永乐、明成化、明嘉靖、清康熙、清雍正时期的测试集图像进行分类时，ResNet50 网络模型要优于 VGG16 网络模型，在对明宣德、明天顺、明万历时期的测试集图像进行分类时，VGG16 网络模型要优于 ResNet50 网络模型，VGG16 网络模型和 ResNet50 网络模型在对明成化时期取得的 F1-score 均最小，说明明成化时期的景德镇青花瓷图像不易区分。通过查阅景德镇青花瓷制作史以及这三个年代的制作风格，清前期是推崇仿前朝风格，导致清前期的景德镇青花瓷在造型上与明成化时期相近。同时，VGG16 网络模型和 ResNet50 网络模型的 F1-score 最小为 63.49%，最大为 93.12%。VGG16 网络模型和 ResNet50 网络模型的总体分类精度分别为 85.17%和 86.30%。证明了利用 VGG16 网络模型和 ResNet50 网络模型对不同年代景德镇青花瓷真彩色图像数据进行分类的可行性。

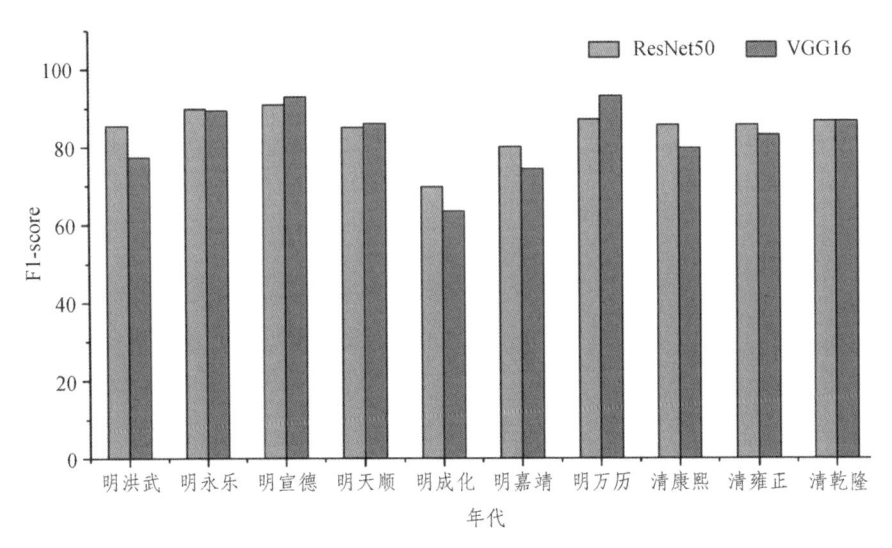

图 3.21 VGG16 和 ResNet50 网络模型分类精度对比（F1-score）

3.4 小 结

本章对不同年代景德镇青花瓷真彩色图像分类进行研究，采用 VGG16 和 ResNet50 两种经典网络模型对不同年代景德镇青花瓷真彩色图像进行分类实验。首先使用爬虫技术在故宫博物院藏品官网获得不同年代的景德镇青花瓷图像，然后对图像数据进行图像增强和归一化等预处理操作，并将不同年代景德镇青花瓷图像数据分为训练集和测试集。介绍了 VGG16 和 ResNet50 网络模型，再对网络模型结构进行修改以适应本课题的图像分类数据，然后使用迁移学习方法对模型进行训练，最后对不同年代景德镇青花瓷真彩色图像数据进行分类识别，比较并总结各模型的优劣，实验结果表明利用 VGG16 网络模型和 ResNet50 网络模型对不同年代景德镇青花瓷真彩色图像分类具有可行性。

4 基于地物光谱仪的青花瓷鉴别分类

青花料以钴料为原料，青花瓷名称来源就是青花料在经过 1200 °C 以上高温烧制环节之后会呈现蓝色。因为不同年代经济状况、对外开放程度的不同，青花瓷烧制的工艺和使用的青花料有所不同，但是如果鉴定者不具备丰富的青花瓷文物鉴定经验或者对青花瓷的制作史不了解，仅凭目视、手测很难进行不同年代青花瓷的分类识别。

本章的研究对象是不同年代景德镇青花瓷碎片，其青花料的类别涵盖了石子青、浙料等 7 种，年代包括元代、明初、明中期、明晚期等时期，这些历史时期在景德镇青花瓷制作史上具有非常强的代表性。

4.1 实验仪器及数据获取

4.1.1 地物光谱仪

地物光谱仪是一种地物光谱反射率观测设备，能够同时满足室内和野外实验要求，具有光纤和镜头等多种观测方式，能获取实验样品的高质量反射率光谱信息。本章节实验主要使用的仪器为 SVC 1024i 便携式地物光谱仪。该地物光谱仪能够在整个 VIS-NIR-SWIR 领域内获取最高的光谱分辨率，同时每一个光谱数据都可以获得相对应的光谱影像。内置高性能处理器及超大内存，除小巧，高分辨，低噪声的优点外，它还创造性地在仪器内部增加了 GPS 模块及高解析度 CCD 相机，在获得高光谱数据的同时，实时将所测量目标的影像信息及地理位置信息记录至仪器主机中，便于对光谱目标进行分类及整理，智能且易用化操控可使其轻松完成工作。该地物光谱仪工作原理为：利用前置光学模块，收集目标反射光；分光成像模块中的线性渐变滤光片对前置光学模块输出的准直的光进行分光，光电转换驱动电路控制光电转换器采集经线性渐变滤光片分光后的光谱，并输出采集的光谱数据；最后，在处理模块中对光电转换器采集的光谱数据进行处理以及显示。其光谱分辨区间为350~2500 nm，共1024个波段，具体参数如表4.1所示。

表4.1 SVC 1024i便携式地物光谱仪仪器参数

型号	HR-1024i
光谱范围	350~2500 nm
探测器	512Si，350~100 nm 256InGaAs，100~1900 nm 256扩展的InGaAs，1900~2500 nm
光谱分辨率	≤3.5 nm，350~1000 nm ≤9.5 nm，1000~1900 nm ≤6.5 nm，1900~2500 nm
视场	4°标准和14°标准可选前置光学 25°光纤视场镜头
最小采集时间	1 ms
通道数	1024个
波长重复性	±0.1 nm
数据格式	16位

4.1.2 数据获取及预处理

将不同年代景德镇青花瓷碎片上青花料的区域作为感兴趣区域，利用SVC 1024i便携式地物光谱仪采集其光谱信息。图4.1为SVC1024i便携式地物光谱仪扫描的部分实验数据样本。本实验选择在密室中进行，利用仪器自带的卤素光源来模拟太阳光源，同时观测人员着深色衣服，以减少外部光照和杂散光对测量结果的影响。

4 基于地物光谱仪的青花瓷鉴别分类

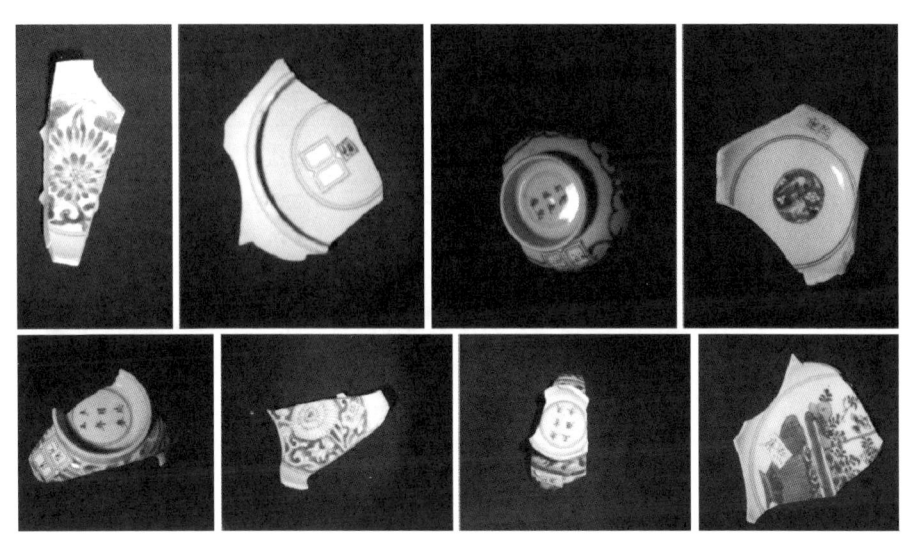

图 4.1 SVC1024i 便携式地物光谱仪扫描实验数据样本（部分）

综合样本青花料和所处年代的不同，28 个样本可以分成 9 个类别，如表 4.2 所示。利用 SVC 1024i 便携式地物光谱仪测定样本胎釉光谱，对获取的数据进行光谱去噪声、光谱重采样、SG 平滑等预处理，最终得到全部青花瓷样本青花料和胎釉部分光谱曲线，如图 4.2 和图 4.3 所示。

表 4.2 青花瓷碎片样本信息汇总表

类别	样本编号	青花料	年代
1	A1	苏料	元
	A2	苏料	元
	A3	苏料	元
	A4	苏料	元
2	B1	苏料	明洪武
3	C1	苏料	明永乐
	C2	苏料	明永乐
	C3	苏料	明永乐

续表

类别	样本编号	青花料	年代
4	D1	平等青	明成化
	D2	平等青	明成化
	D3	平等青	明成化
	D4	平等青	明成化
	D5	平等青	明成化
	D6	平等青	明成化
	D7	平等青	明成化
	D8	平等青	明成化
5	E1	回青	明嘉靖
6	F1	石子青	明嘉靖
	F2	石子青	明嘉靖
	F3	石子青	明嘉靖
7	G1	浙料	明万历
	G2	浙料	明万历
	G3	浙料	明万历
	G4	浙料	明万历
	G5	浙料	明万历
8	H1	珠明料	清康熙
	H2	珠明料	清康熙
9	I1	洋蓝	清光绪

4 基于地物光谱仪的青花瓷鉴别分类

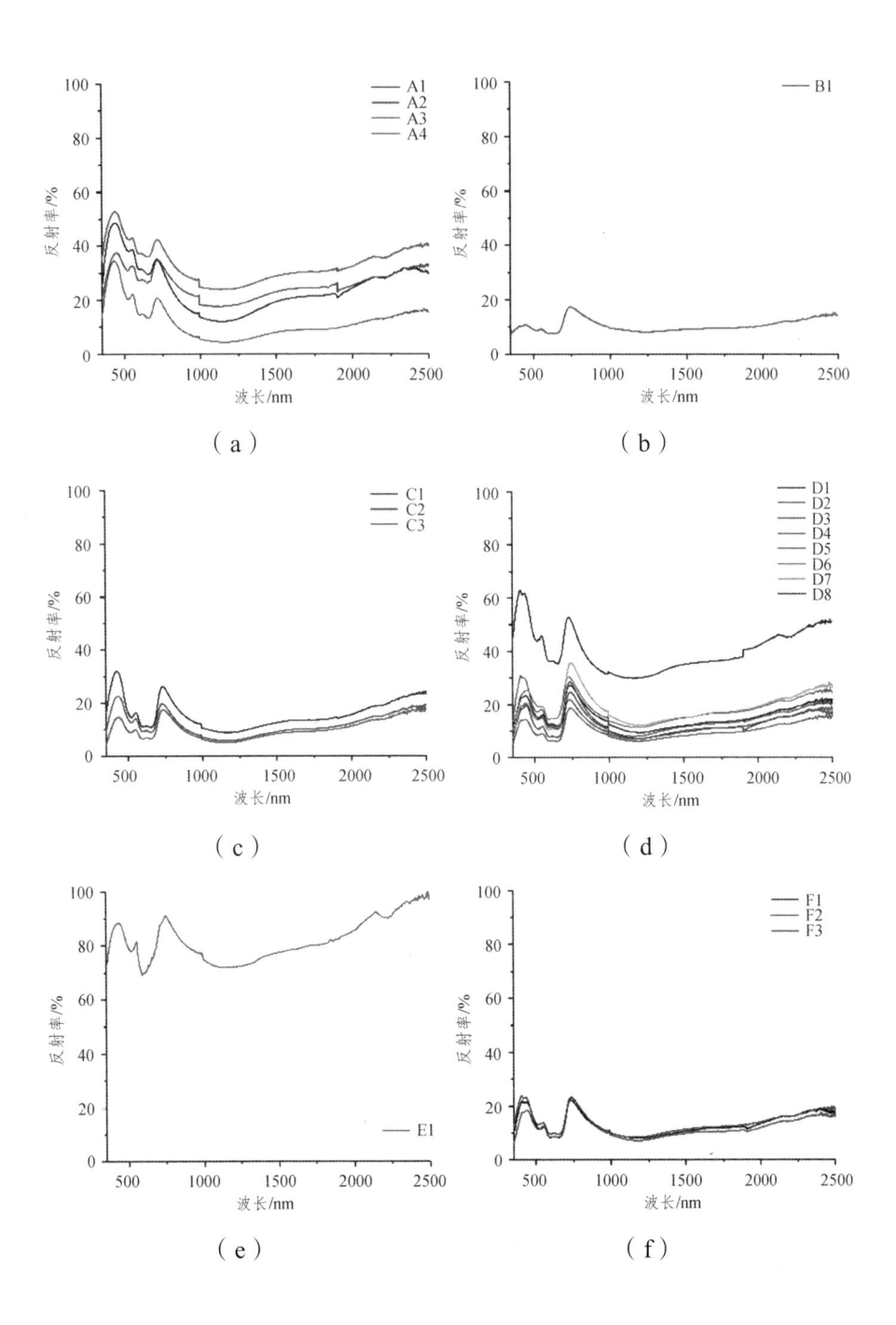

(a)

(b)

(c)

(d)

(e)

(f)

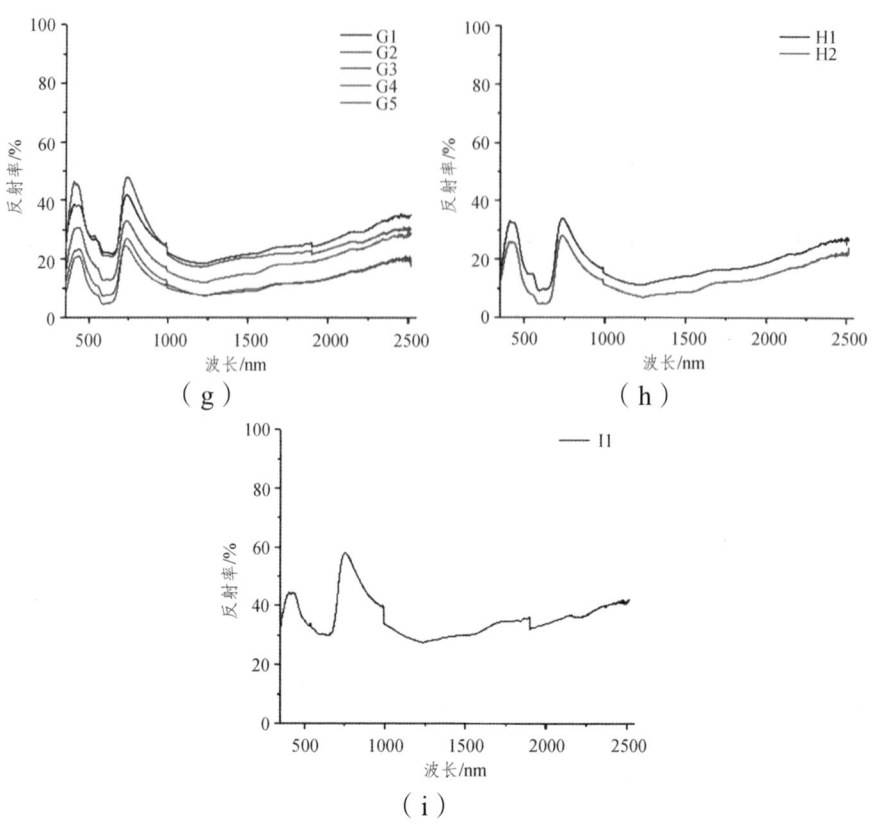

青花瓷文物高光谱遥感
鉴别方法及其应用

(g)　(h)

(i)

图 4.2　不同类别青花瓷样本青花料反射率光谱（350～2500 nm）

注：图中序号含义参照表 4.2 青花瓷碎片样本信息汇总表。

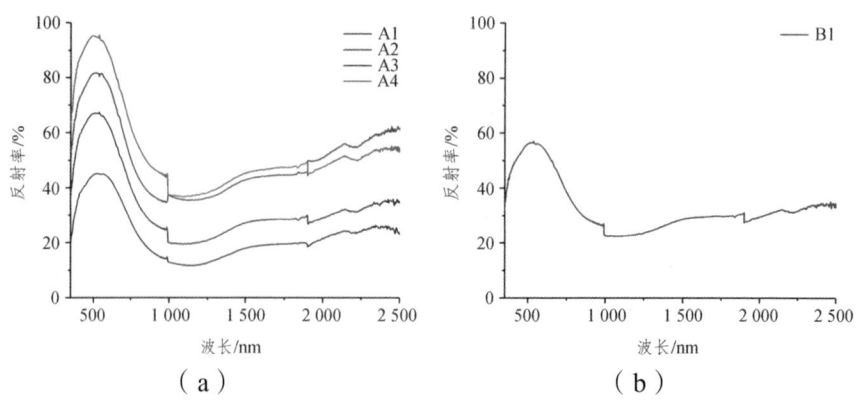

(a)　(b)

4 基于地物光谱仪的青花瓷鉴别分类

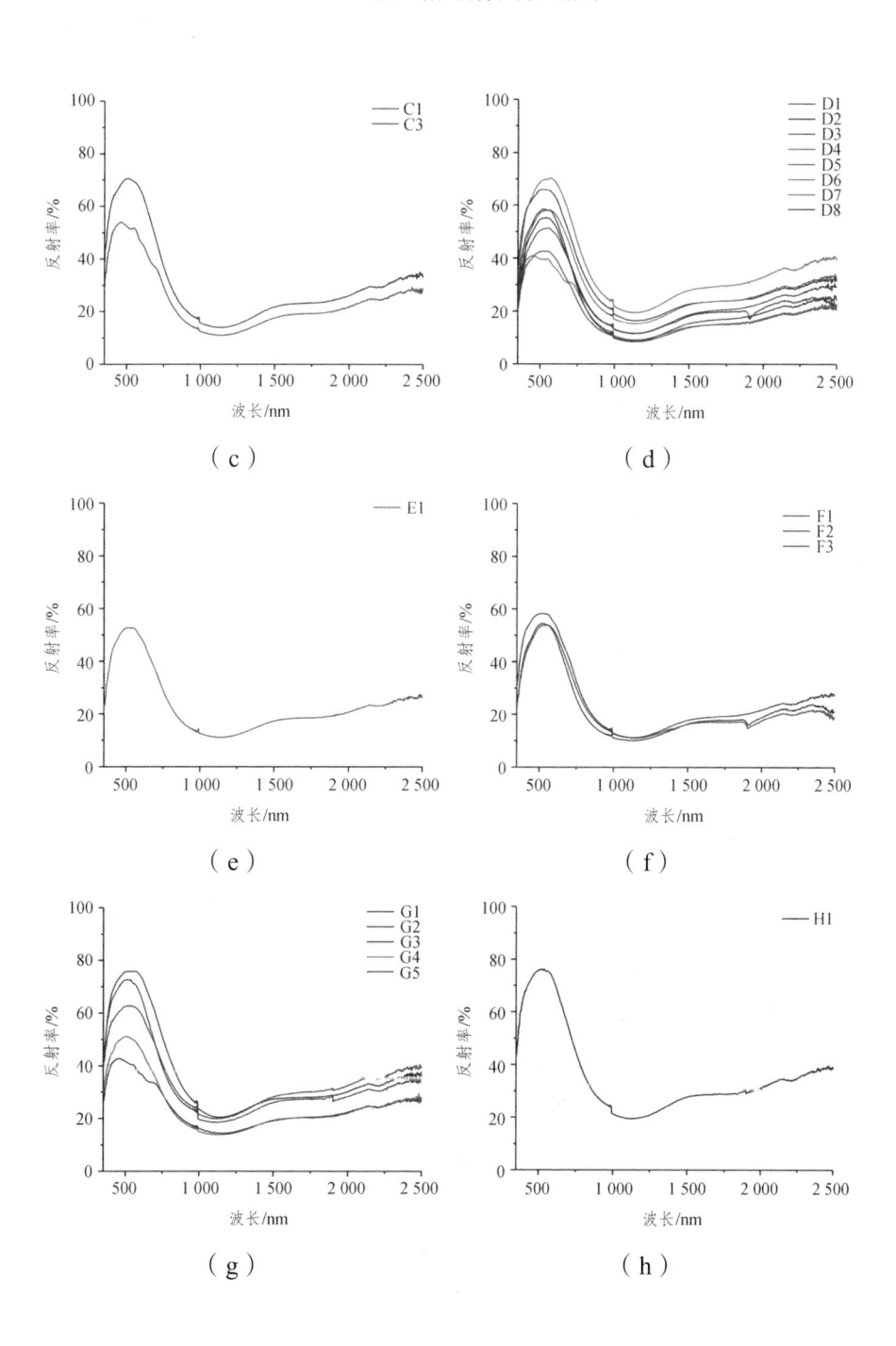

(c)

(d)

(e)

(f)

(g)

(h)

（i）

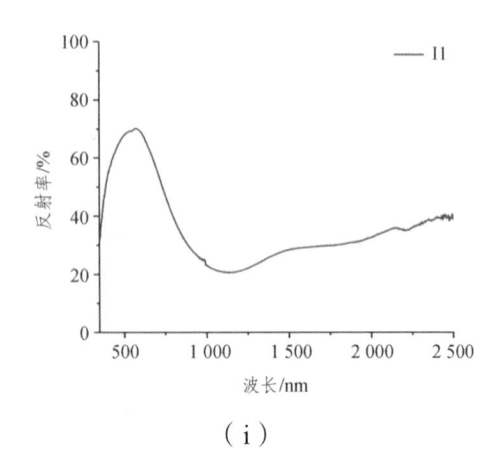

图 4.3　不同类别青花瓷样本胎釉反射率光谱（350~2500 nm）

注：图中序号含义参照表 4.2 青花瓷碎片样本信息汇总表。

4.2　青花瓷光谱特征分析

从胎釉部分光谱图（图 4.3）可以发现，不同类别胎釉光谱波形比较相近，仅在青色（510 nm 左右）有一典型反射峰。相较而言，青花料光谱特征更为丰富，比如在蓝色（430 nm 左右）、绿色（550 nm 左右）、近红外（710 nm 左右）波段都有较为明显的反射峰，并在反射峰之间形成了两个吸收谷。此外，不同类别青花料光谱差异也更为显著。因此，青花料部位能够提供更丰富的信息，在接下来的研究中将主要针对青花料部位光谱展开分析。此外，从青花料光谱图（图 4.2）可以发现，青花料光谱特征主要集中于 350~950 nm 波段范围内，在短波红外波段光谱整体较为平滑，不具有典型光谱特征，因此本章后续研究主要选取 350~950 nm 范围内的 450 个波段的光谱数据进行，如图 4.4 所示。

4 基于地物光谱仪的青花瓷鉴别分类

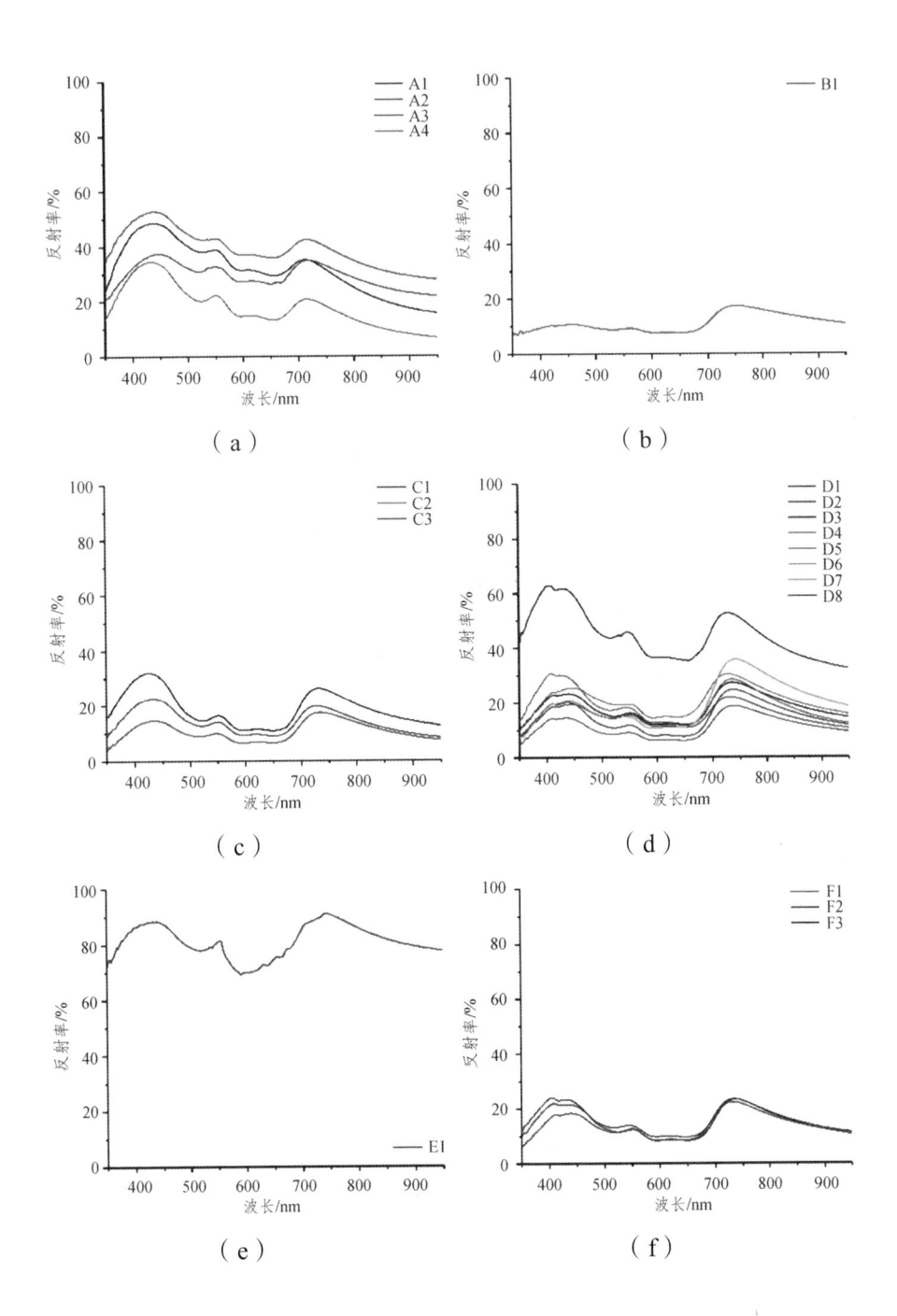

（g）

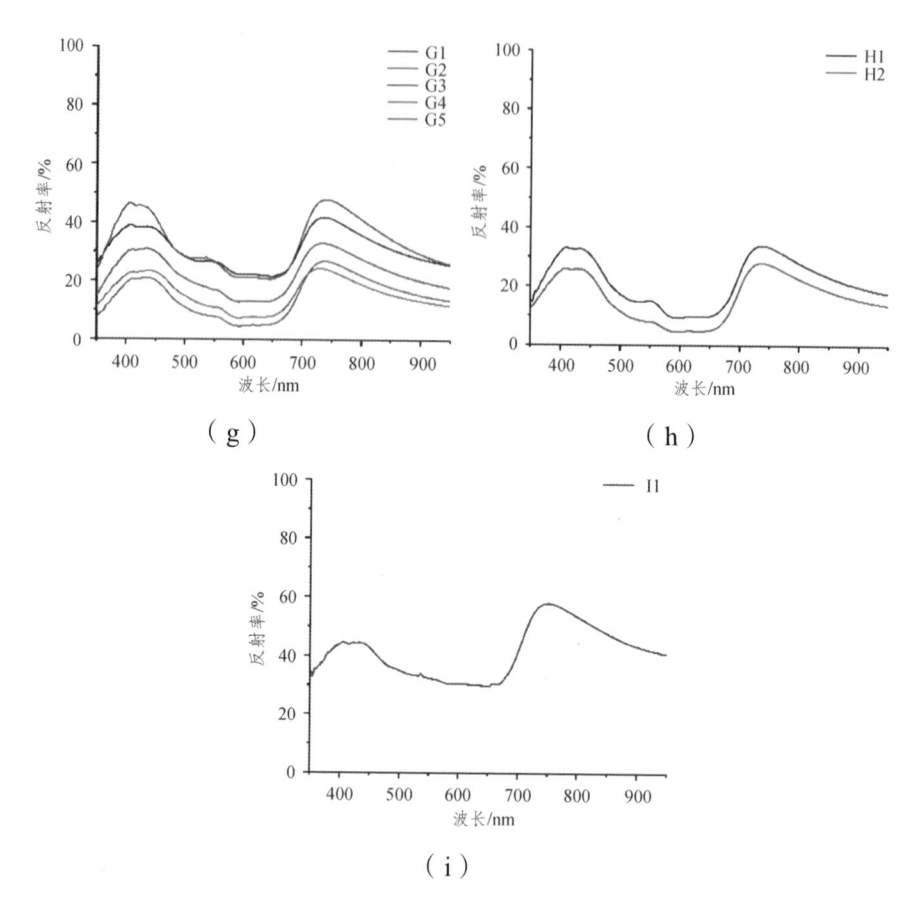

（h）

（i）

图 4.4　不同类别青花瓷样本青花料反射率光谱（350～950 nm）

注：图中序号含义参照表 4.2 青花瓷碎片样本信息汇总表。

表 4.3 为提取不同类别青花料光谱的特征参量。从表 4.3 可以看到，中心波长光谱特征取值较为接近，而中心反射率光谱特征取值变化更大。这是由于青花瓷表面釉色光亮程度不同，且有一定弧度，反射率值容易受镜面反射等因素的干扰而产生较大变化，而中心波长光谱特征则不容易受该因素影响。综合来看，不同类别青花料光谱特征参量有较明显的差异，这为青花瓷高光谱分类识别打下了基础。

4 基于地物光谱仪的青花瓷鉴别分类

表 4.3 不同类型青花瓷光谱特征参量平均值

分组	W_BP	R_BP	W_GP	R_GP	W_NP	R_NP	W_BGV	R_BGV	W_GNV	R_GNV
1	0.4392	0.4052	0.5505	0.3137	0.7165	0.3099	0.5285	0.3007	0.6548	0.2363
2	0.4493	0.1027	0.5512	0.0878	0.7435	0.1769	0.5119	0.1192	0.6582	0.4562
3	0.4339	0.3089	0.5489	0.2084	0.7259	0.2600	0.5218	0.1936	0.6346	0.1453
4	0.4318	0.2417	0.5465	0.1610	0.7346	0.2734	0.5199	0.1519	0.6354	0.1107
5	0.4392	0.8557	0.5540	0.7902	0.7461	0.8760	0.5176	0.7493	0.5900	0.5923
6	0.4165	0.1977	0.5479	0.1162	0.7330	0.2123	0.5181	0.1069	0.6301	0.0774
7	0.4227	0.3205	0.5324	0.1768	0.7369	0.3617	0.5268	0.1743	0.6137	0.1244
8	0.4089	0.2820	0.5393	0.1057	0.7369	0.3090	0.5323	0.1046	0.5934	0.0602
9	0.4204	0.3373	0.5358	0.1967	0.7500	0.4900	0.5330	0.1916	0.5955	0.1476
总计	0.4287	0.3049	0.5445	0.2031	0.7328	0.3147	0.5233	0.1950	0.6284	0.1585

为了更清楚地表现历代青花瓷光谱特征参量的变化规律，将中心波长光谱特征变化用折线图的形式展现出来，如图 4.5。整体上看，蓝峰、绿峰和绿-近吸收谷中心波长有向短波方向移动趋势，近红外峰中心波长有向长波方向移动趋势，蓝-绿吸收谷中心波长变化规律不明显。

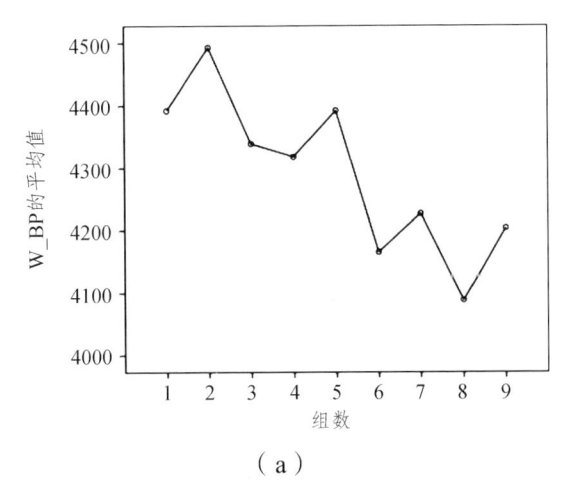

（a）

青花瓷文物高光谱遥感
鉴别方法及其应用

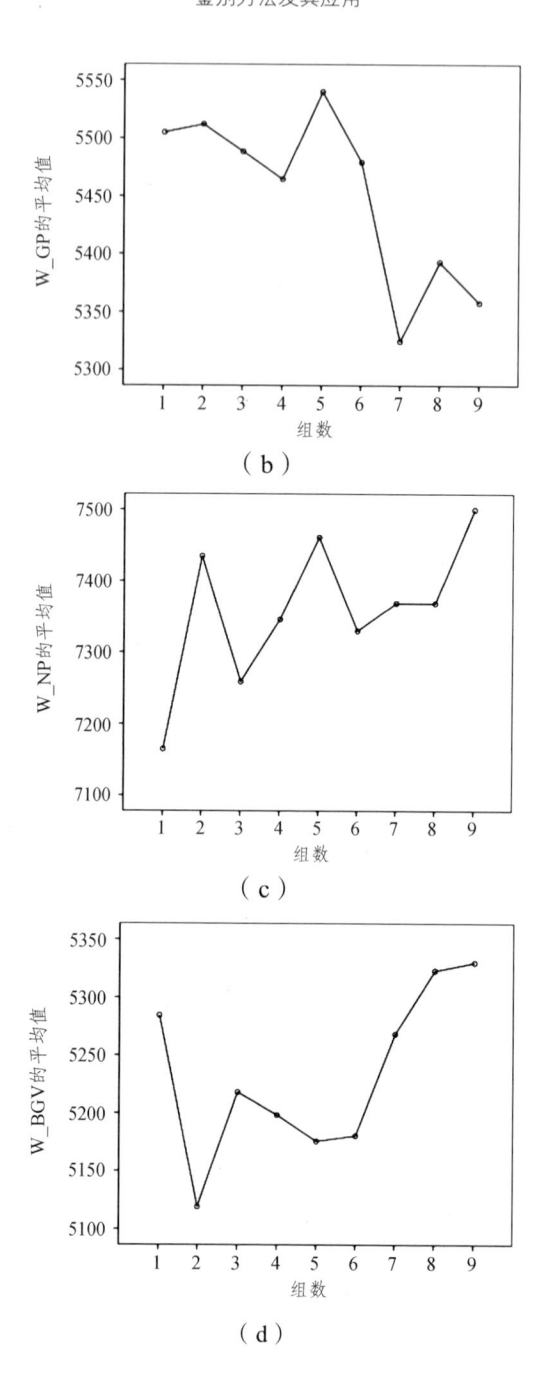

（b）

（c）

（d）

(e)

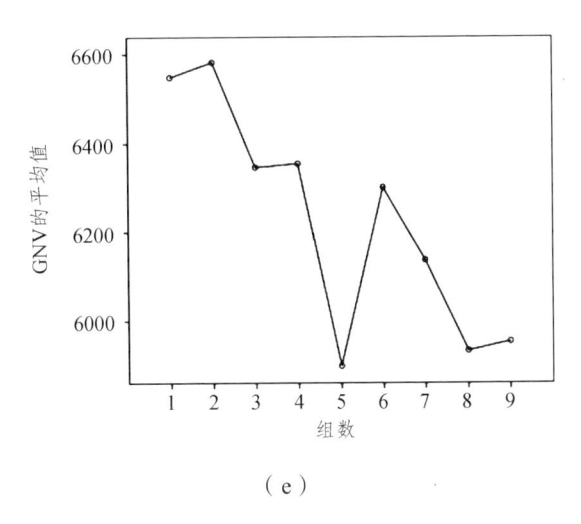

图 4.5 青花料典型光谱特征中心波长变化

绿峰和近红外峰是相邻的两个反射峰，中心波长变化趋势却相反。因此，绿峰和近红外峰之间的距离（Distance between GP and NP，D_GN）会呈逐渐增大的趋势，如图 4.6。此外，若定义 GN 吸收特征的对称因子（Symmetry of GNV，S_GNV）为特征左端点到中心波长的距离与右端点到中心波长的距离之商，则不同类别青花瓷 GN 吸收特征对称因子变化如图 4.7 所示。除去第 5 类（回青）样本外，GN 吸收特征对称因子呈明显下降趋势，即早期 GN 吸收特征中心波长与近红外峰更接近，而后期则与绿峰更接近。随着青花料原料和制作工艺的提升，其纯度不断提高，而这是青花料光谱特征参量随年代发生改变的根本原因（陈尧成，等，1995；王健华，1998）。

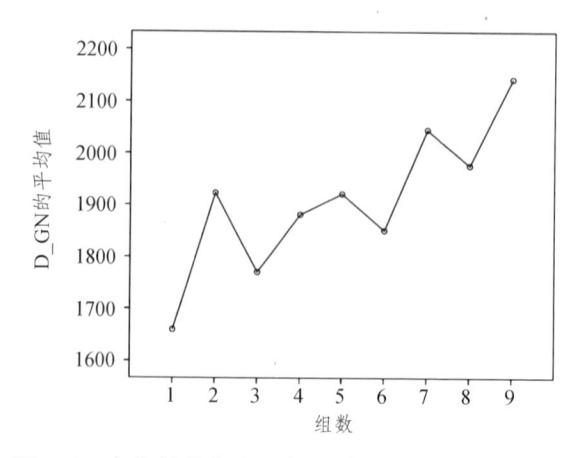

图 4.6 青花料绿峰和近红外峰中心波长间距变化

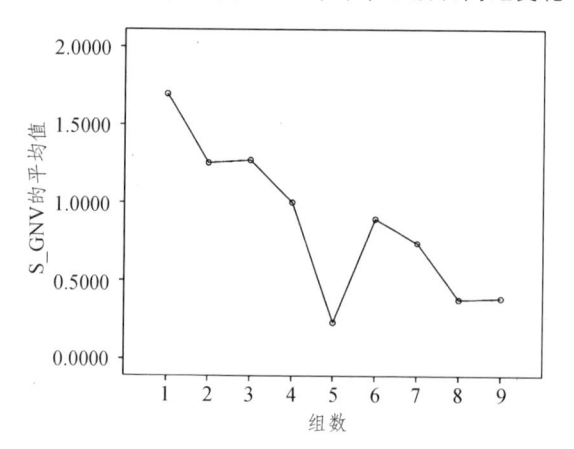

图 4.7 青花料 GN 吸收特征对称因子变化

4.3 基于地物光谱仪的特征挖掘方法

4.3.1 逐步判别分析

逐步判别分析不同于其他判别分析将全部变量进行分析，同时因为光谱数据量大，将全部变量进行计算会非常困难。在判别分析的过程中，逐步判别法首先是确定有效变量（ZHOU S, et al., 2006; BAEVSKY R W, et al.，2011），综合考察判别式的判别能力之后，将判别能力差的变量自动剔除判别式，当有新变量引入之后，判别式的判别能力不再提高，或者剩下的所有变量依次或者组合引进判别式后，没有引起判别式的判别能力提高，则这些变量为非显著变量，引起判别式判别能力提高的变量为显著变量，显著变量需要保留，而非显著变量需要剔除，至此逐步判别过程结束（PETALAS C, et al.，2006；张菊连等，2010）。

4.3.1.1 逐步判别法的基本思想

在判别问题中，当判别变量的数量过大时，如果不分青红皂白地创建判别函数，不仅计算量大，而且因为变量是中间相关的它很可能减少逆矩阵的计算误差并产生不稳定的判别函数。因此，正确筛选变量的问题成为一个重要问题。有筛查的地方变强度的判别统计分析方法称为逐步判别法。

逐步判别法与一般判别分析法一样，具有许多不同的基本原理，进而产生各种方法。这里讨论的逐步判别统计分析，该方法应建立在多个判别数据的基础上，判别规则为贝叶斯算法的判别函数，其理论基础类似于逐步回归分析，被选中"进和出"的优化算法是基于变量是否是关键，然后逐步引入变量，将每个"最关键"变量同时引入判别公式中，有必要了解前面介绍的变量是否是因为在它们之后引入新变量使其不那么必要和不那么明显（例如，它的作用后来被变量的搭配所取代），有必要及时将其从判别式中删除，直到判别式中没有必须删除的无动于衷的变量，其余变量没有极其重要的变化。当筛选逐渐完成时，可以将数量引入判别公式中。也就是说，每一步引入或划分变量，进行相应的统计检验，这样最终的贝叶斯算法判别函数就只保存了"关键"变量。

4.3.1.2 判别变量附加信息的检验

根据逐步判别解析的基本概念，判别分析应解决两个关键问题：① 一

是引入或去除判别变量的重要依据和检验问题；② 判别函数的直接推导问题。这样做的基本原理取决于应该如何判断变量，以测试区分每个总体的额外信息。因此，这里是有关如何识别变量以及它们是否可以提供额外信息来区分每个总体的基本知识。

设有 m 个总体，$G_1, G_2, \cdots, G_m$，相对应抽出来样品数量为 $n_1, n_2, \cdots, n_m$。$(n_1 + n_2 + \cdots + n_m) = n$。每一个样品观测 p 个指标，得观测数据如下，

第 1 个总体的样本数据为：

$$\begin{matrix} x_{11}(1) & x_{12}(1) & \cdots & x_{1p}(1) \\ x_{21}(1) & x_{22}(1) & \cdots & x_{2p}(1) \\ \vdots & \vdots & & \vdots \\ x_{n_11}(1) & x_{n_12}(1) & \cdots & x_{n_1p}(1) \end{matrix}$$

第 2 个总体的样本数据为：

$$\begin{matrix} x_{11}(2) & x_{12}(2) & \cdots & x_{1p}(2) \\ x_{21}(2) & x_{22}(2) & \cdots & x_{2p}(2) \\ \vdots & \vdots & & \vdots \\ x_{n_21}(2) & x_{n_22}(2) & \cdots & x_{n_2p}(2) \end{matrix}$$

……

第 m 个总体的样本数据为：

$$\begin{matrix} x_{11}(m) & x_{12}(m) & \cdots & x_{1p}(m) \\ x_{21}(m) & x_{22}(m) & \cdots & x_{2p}(m) \\ \vdots & \vdots & & \vdots \\ x_{n_p1}(m) & x_{n_p2}(m) & \cdots & x_{n_pp}(m) \end{matrix}$$

和多个线性回归分析一样，假定每组的样本全是互不相关的正态分布随机向量，每组的协方差矩阵都一样，即

$$x_{k1}^{(\alpha)}, x_{k2}^{(\alpha)}, \ldots, x_{kp}^{(\alpha)} \approx N(\boldsymbol{\mu}_\alpha, \boldsymbol{\Sigma}) \tag{4.1}$$

$$\alpha = 1, 2, \cdots, m;\ k = 1, 2, \cdots, n$$

式中　$x_{kj}^{(\alpha)}$——α 组第 k 个样品的第 j 个变量；

$\boldsymbol{\mu}_\alpha$——α 组的均值向量；

$\boldsymbol{\Sigma}$——协方差矩阵。

再令全部样品的总均值向量为

$$\overline{\boldsymbol{X}} = (\overline{X_1}, \overline{X_2}, \cdots, \overline{X_p}) \qquad (4.2)$$

各个总体的样品的均值向量为：

$$\overline{\boldsymbol{X}}(\alpha) = (\overline{X_1}(\alpha), \overline{X_2}(\alpha), \cdots, \overline{X_p}(\alpha)) \qquad (4.3)$$

$$\alpha = 1, 2, \cdots, m$$

于是，样品的组内离差阵为

$$\boldsymbol{W} = \sum_{\alpha=1}^{m} \sum_{i=1}^{n_\alpha} (x_i(\alpha) - \overline{X}(\alpha))'(x_i(\alpha) - \overline{X}(\alpha)) \qquad (4.4)$$

样品的总离差阵为

$$\boldsymbol{T} = \sum_{\alpha=1}^{m} \sum_{i=1}^{n_\alpha} (x_i(\alpha) - \overline{X})'(x_i(\alpha) - \overline{X}) \qquad (4.5)$$

为了对这 m 个总体建立判别函数，需要检验：

$$H_0 : \mu_1 = \mu_2 = \cdots = \mu_m \qquad (4.6)$$

当 H_0 被接受时，表明区分这 m 个群体是没有意义的，在此基础上，建立的判别函数是无效的。当 H_0 被拒绝时，它表明可以区分 m 个群体，并且创建的判别函数更有意义。但是，为了区分 m 个种群的效应，可以对原来选择的 p 指标进行简化，以达到相同的判别效应，因此，有必要去掉一些没有额外信息的自变量来区分 m 个群体。

采用维尔克斯统计量（Wilks）Λ：

$$\Lambda = \frac{|W|}{|T|} \qquad (4.7)$$

其 $-\left[n - \frac{1}{2}(p-m) - 1\right]\ln\Lambda$ 的 lim 分布是服从于整个样本的 $\chi^2[p(m-1)]$。

为了进一步考虑这个问题，将 p 变量分解为两部分，一般通过某种类型的过程已经选择了 p-1 变量，我们应该检验 p 变量的提升是否给差分整体带来了附加信息，这意味着要测试 p 变量的"判别能力"。因此，

矩阵 $\boldsymbol{W}$ 和 $\boldsymbol{T}$ 被分块：

$$\boldsymbol{W} = \begin{matrix} p-1 \\ 1 \end{matrix} \begin{bmatrix} W_{11}^{p-1} & W_{12}^{1} \\ W_{21} & W_{22} \end{bmatrix} \tag{4.8}$$

$$\boldsymbol{T} = \begin{matrix} p-1 \\ 1 \end{matrix} \begin{bmatrix} T_{11}^{p-1} & T_{12}^{1} \\ T_{21} & T_{22} \end{bmatrix} \tag{4.9}$$

前 p-1 个变量的维尔克斯统计量 Λ_{p-1} 为

$$\Lambda_{p-1} = \frac{|W_{11}|}{|T_{11}|} \tag{4.10}$$

当增加第 p 个变量后，p 个变量的维尔克斯统计量 Λ_p 为

$$\Lambda_p = \frac{|\boldsymbol{W}|}{|\boldsymbol{T}|} = \frac{\begin{bmatrix} W_{11} & W_{12} \\ W_{21} & W_{22} \end{bmatrix}}{\begin{bmatrix} T_{11} & T_{12} \\ T_{21} & T_{22} \end{bmatrix}} = \frac{|W_{11}| \cdot |W_{22} - W_{21}W_{11}^{-1}W_{12}|}{|T_{11}| \cdot |T_{22} - T_{21}T_{11}^{-1}T_{12}|} = \Lambda_{p-1} \cdot \frac{|W_{22} - W_{21}W_{11}^{-1}W_{12}|}{|T_{22} - T_{21}T_{11}^{-1}T_{12}|} \tag{4.11}$$

所以有

$$\frac{\Lambda_{p-1}}{\Lambda_p} = \frac{|T_{22} - T_{21}T_{11}^{-1}T_{12}|}{|W_{22} - W_{21}W_{11}^{-1}W_{12}|} \tag{4.12}$$

即

$$\frac{\Lambda_{p-1}}{\Lambda_p} - 1 = \frac{|T_{22} - T_{21}T_{11}^{-1}T_{12}| - |W_{22} - W_{21}W_{11}^{-1}W_{12}|}{|W_{22} - W_{21}W_{11}^{-1}W_{12}|} \tag{4.13}$$

统计量 $F = \left(\dfrac{\Lambda_{p-1}}{\Lambda_p} - 1\right)$ 的 $\dfrac{[n-(p-1)-m]}{(m-1)}$ 极限分布是 $F((m-1), (n-(p-1)-m))$。F 统计量来检验给定前 p-1 个变量的条件下，增加第 p 个变量的条件均值是否相等（即是否对区分总体提供附加信息）。

4.3.1.3　引入和剔除变量、检验统计量

① 假设已经测算了 l 步，并已引入了 $x_1, x_2, \cdots, x_l$，测试了步骤 l+1 中

添加新变量的"判别能力",于是将变量分为 2 组,第一组是已经引入的前 l 个变量,第二组只有一个变量 x_r,这些 $l+1$ 变量的色散矩阵和总离散矩阵仍记录为 W 和 T。

$$W = \begin{matrix} l \\ 1 \end{matrix} \begin{bmatrix} W_{11}^l & W_{12}^1 \\ W_{21} & W_{22} \end{bmatrix} \quad (4.14)$$

$$|W| = |W_{11}| \cdot w_{rr}(l) \quad (4.15)$$

其中,$w_{rr}(l) = W_{22} - W_{21}W_{11}^{-1}W_{12} = W_{rr} - W_{r1}W_{11}^{-1}W_{1r}$

$$T = \begin{matrix} l \\ 1 \end{matrix} \begin{bmatrix} T_{11}^l & T_{12}^1 \\ T_{21} & T_{22} \end{bmatrix} \quad (4.16)$$

$$T = |T_{11}| \cdot t_{rr}(l) \quad (4.17)$$

其中,$t_{rr}(l) = T_{22} - T_{21}T_{11}^{-1}T_{12} = T_{rr} - T_{r1}T_{11}^{-1}T_{1r}$

维尔克斯统计量

$$\Lambda_{l-1} = \frac{|W|}{|T|} = \frac{|W_{11}|w_{rr}^{(l)}}{|T_{11}|t_{rr}^{(l)}} \quad (4.18)$$

令 $V_r = \dfrac{w_{rr}^{(l)}}{t_{rr}^{(l)}}$,有 $\dfrac{\Lambda_{l-1}}{\Lambda_l} - 1 = \dfrac{1-V_r}{V_r}$。

根据附加信息检验准则,其引入变量的依据是 V_r,检验统计量为

$$F_{1r} = \frac{1-V_r}{V_r} \cdot \frac{n-l-m}{m-1} = \frac{t_{rr}(l) - w_{rr}(l)}{w_{rr}(l)} \cdot \frac{n-l-m}{m-1} \quad (4.19)$$

其引入变量的检验统计量服从分布 $F(m-1, n-l-m)$。

② 若剔除变量 $x_r(1 \leqslant r \leqslant l)$ 是第 $l+1$ 步,则第 $l+1$ 步剔除变量 x_r 等价于第 l 步引入 x_r,令 $V_r = \dfrac{w_{rr}(l-1)}{t_{rr}(l-1)} = \dfrac{t_{rr}(l)}{w_{rr}(l)}$。

其剔除变量的依据是 V_r,检验统计量为

$$F_{2r} = \frac{1-V_r}{V_r} \cdot \frac{n-(l-1)-m}{m-1} = \frac{w_{rr}(l) - t_{rr}(l)}{t_{rr}(l)} \cdot \frac{n-(l-1)-m}{m-1} \quad (4.20)$$

其剔除变量的检验统计量服从于分布 $F(m-1, n-(l-1)-m)$。

4.3.1.4 矩阵变换

设初始的组内离差矩阵为（$w_{ij}^{(0)}$），初始的总的离差矩阵为（$t_{ij}^{(0)}$）。假如已经进行了 l 步，引入了 l 个变量，那么第 $l+1$ 步无论是引入还是剔除变量 x_r，都要进行如下转换：

$$w_{ij}^{(l+1)} = \begin{cases} w_{ij}^{(l)} / w_{rr}^{(l)}, & i=r, j \neq r \\ w_{ij}^{(l)} - w_{ir}^{(l)} \cdot w_{rj}^{(l)} / w_{rr}^{(l)}, & i \neq r, j \neq r \\ 1 / w_{rr}^{(l)}, & i=r, j=r \\ -w_{ir}^{(l)} / w_{rr}^{(l)}, & i \neq r, j=r \end{cases} \quad (4.21)$$

$$t_{ij}^{(l+1)} = \begin{cases} t_{ij}^{(l)} / t_{rr}^{(l)}, & i=r, j \neq r \\ t_{ij}^{(l)} - t_{ir}^{(l)} \cdot t_{rj}^{(l)} / w_{rr}^{(l)}, & i \neq r, j \neq r \\ 1 / t_{rr}^{(l)}, & i=r, j=r \\ -t_{ir}^{(l)} / w_{rr}^{(l)}, & i \neq r, j=r \end{cases} \quad (4.22)$$

4.3.1.5 建立判别式

假设最终引入了 l 个变量，并得到最终变换矩阵（$w_{rr}(l)$），则第 k 组的判别函数为：

$$f_k = \ln q_k + c_{k0} + \sum_j c_{kj} x_j \quad (4.23)$$

$k=1,2,\cdots,m$；$i \in$ 已入选变量。

$$c_{k0} = \frac{1}{2} \sum_i c_{ki} \overline{x_{kl}} \quad (4.24)$$

$k=1,2,\cdots,m$；$i\in$已入选变量。

式中　x_{ki}——第 k 组第 i 个变量的均值。

将每个样品 $x=(x_1,x_2,\cdots,x_p)'$ 分别代入 k 个判别式中，若 $y(h/x)=\max_{1<g\leq m}x(g/x)$，则 x 属于第 h 个总体。为了对已经引入的 L 个变量对于区分 m 个组的能力进行综合检验，可采用 Bartlett 给出的 χ^2 分布近似统计量。

$$\chi^2(L(m-1))\approx-\left(n-1-\frac{L+m}{2}\right)\ln V \qquad (4.25)$$

式中　V——Wilks 统计量：

$$V=\frac{w_{r_0}^{(0)}}{t_{r_0}^{(0)}}\cdot\frac{w_{r_1}^{(1)}}{t_{r_1}^{(1)}}\cdots\frac{w_{r_{l-1}}^{(l-1)}}{t_{r_{l-1}}^{(l-1)}} \qquad (4.26)$$

式中　$r_0,r_1,\cdots,r_{l-1}$——逐次引入或剔除的变量序号。

4.3.2　竞争自适应性重采样

竞争性自适应重加权采样法（Competitive Adaptive Reweighted Sampling，CARS）（LI H, et al., 2009）源自达尔文的"适者生存"的进化理论，被用于选择光谱中的最能代表原始光谱特征的波长组合。CARS 通过交叉验证选择 N 个变量子集，确定最低均方差值的子集，在每个单独的采样中，应用蒙特卡洛模型采样、指数递减函数、自适应再加权采样和最低均方差值来减少波长，以实现最优选择。CARS 优化算法中，每一次根据响应式权重计算取样（Adaptive Reweighted Sampling，ARS）保存 PLS 模型中回归系数平方根权重值比较大的点作为新的子集，除掉权值比较小的点，随后根据一个新的子集创建 PLS 模型，经过长时间的测算，挑选 PLS 模型互动认证均方根误差（RMSECV）最小子集里的波长作为特点波长（许童羽等，2022）。CARS 算法的具体过程如下。

采用蒙特卡洛采样法，每一次任意从校准集中化挑选一定数量（一般为80%）的样板进到建模集，剩下的20%作为预测分析集创建PLS实体模型，蒙特卡洛的采样频次（N）要提前设置（路皓翔等，2021）。纪录每一次采样全过程PLS实体模型里的回归系数的绝对值权重值，$|b_i|$为第i个变量的回归系数绝对值，w_i为第i个变量的回归系数绝对值权重，m为每次采样中剩余的变量数。

$$w_i = |b_i| / \sum_{i=1}^{m} |b_i| \tag{4.27}$$

利用指数衰减函数（Exponentially Decreasing Function，EDF）强行去除回归系数绝对值权重相对较小的波长（王翠秀等，2019）。在第i次基于MC采样建立PLS模型时，根据EDF得到保留的波长点的比例R_i为

$$R_i = \mu e^{-ki} \tag{4.28}$$

式中 μ，k——常数，可以按照以下两种情况计算。

在一次采样并进行相应计算时，所有的波长都参与了建模分析，因此此时保留的波长点的比例为1。在最后一次采样在（第N次）完成并进行相应计算时，只剩下两个波长参与PLS建模，此时保留的波长点的比例为2/n，其中n是原始波长点数。由以上最初及最后一次采样的情况可知，μ和k的计算公式为

$$\mu = (n/2)^{\frac{1}{N-1}}, k = \frac{\ln \frac{n}{n}}{N-1} \tag{4.29}$$

在每次采样时，都从上一次采样时的变量数中采用自适应加权采样（ARS）选择数量为R_i*n个的波长变量，进行PLS建模，计算RMSECV。

在N次采样完毕之后，CARS优化算法获得了N组备选的特点波长子集，及其相对应的RMSECV值，挑选RMSECV极小值对应的波长自变量子集为主要特征波长（王翠秀等，2019）。

竞争自适应重加权优化算法（CARS）是由自适应重加权采样（ARS）技术选择出 PLS 实体模型中相关系数平方根大一点的波长点，除掉权重值小一点波长点，利用互动认证挑选出 RMSECV 指最低子集，能够有效寻出最佳自变量组成。

4.3.3 连续小波变换

小波变换在傅里叶变换的前提下给出了变动的时间窗定义使用时间-尺度域依据高频低频信息的需求来调节时间窗长短尺度与次数反比关联从根本上解决了非平稳随机过程高、低频率时长局部化难题。基本上小波是小波变换中一个很重要的组成要素它是一种具有独特损耗属性的实值函数。较为有名的小波有：Daubechies、Coiflets、Symlets、Morlet、Meyer 等（田捷等，2004；陈武凡，2002）。

连续小波变换具备线形性、平移不变性、伸缩式共转性、自相似性和冗余设计等关键特性。因为连续小波变换存有多余，在具体应用中为了能重新构建数据信号，必须对小波变换的尺度因素和偏移因素开展离散化，进而产生离散变量小波变换。

连续小波变换。采用连续小波变换，经过多次实验，发现墨西哥帽（Mexh）小波基函数适用于提取不同类别青花瓷碎片的光谱隐含信息，所以采用墨西哥帽小波基函数对原始光谱进行 10 层小波变换，生成一系列小波系数（VOHLAND M，et al., 2016；WANG G Q, et al., 2016；于雷等，2016）。

$$\psi_{a,b} = \frac{1}{\sqrt{a}} \psi\left(\frac{\lambda - b}{a}\right) \tag{4.30}$$

式中　a——伸缩因子；

　　　b——平移因子；

　　　λ——青花瓷高光谱数据的波段数。

$$W_f(a,b) = (f, \psi_{a,b}) = \int_{-\infty}^{+\infty} f(\lambda)\psi_{a,b}\mathrm{d}y \qquad (4.31)$$

式中 f_λ——青花料的光谱反射率;

小波系数 $W_f(a,b)$ 包括二维,分别为波长(350~950 nm)与分解尺度(1, 2, 3,…, 10),所以 $W_f(a,b)$ 的行是分解尺度数,列为青花料波长数的矩阵。

4.3.4 基于光谱特征参量

如图 4.8 所示,各个类别青花料光谱又有一些的共同特征,比如在蓝光(430 nm 左右)、绿光(550 nm 左右)、近红外(710 nm 左右)波段都有较为明显的反射峰,并在反射峰之间形成了两个吸收谷。研究进行统计和分析的特征参量如表 4.4 所示。

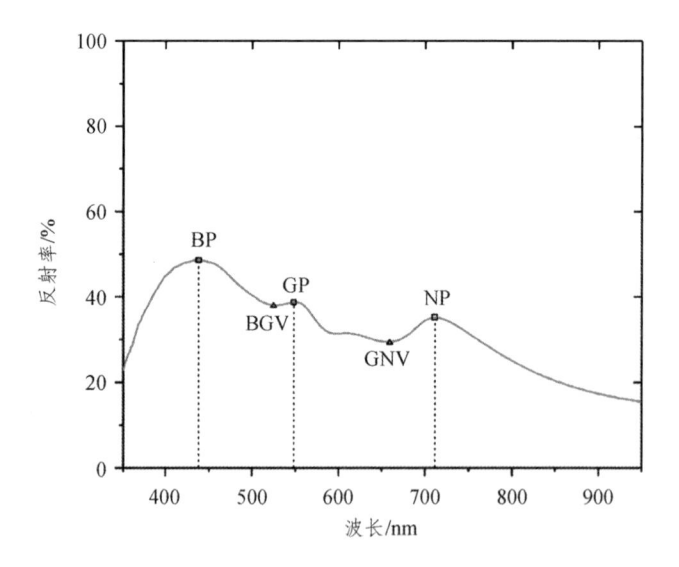

图 4.8 青花料光谱特征参量示意图(基于 A1 光谱)

4 基于地物光谱仪的青花瓷鉴别分类

表 4.4 光谱特征参量

光谱特征参量	含义	命名
蓝峰中心波长	400~500 nm 波段反射率最大值对应的波长	W-BP
绿峰中心波长	530~580 nm 波段反射率最大值对应的波长	W-GP
近红外峰中心波长	650~750 nm 波段反射率最大值对应的波长	W-NP
蓝-绿吸收谷中心波长	蓝峰和绿峰之间反射率最小值对应的波长	W-BG
绿-近吸收谷中心波长	绿峰和近红外峰之间反射率最小值对应的波长	W-GN
蓝峰中心反射率	400~500 nm 波段反射率最大值	R-BP
绿峰中心反射率	530~580 nm 波段反射率最大值	R-GP
近红外峰中心反射率	650~750 nm 波段反射率最大值	R-NP
蓝-绿吸收谷中心反射率	蓝峰和绿峰之间反射率最小值	R-BG
绿-近吸收谷中心反射率	绿峰和近红外峰之间反射率最小值	R-GN

注：蓝峰（Blue Peak，BP）、绿峰（Green Peak，GP）、近红外峰（Near-infrared Peak，NP），将吸收谷命名为 BG 吸收谷（BG Valley，BGV）和 GN 吸收谷（GN Valley，GNV）

4.3.5 Fisher 线性判别分析

Fisher 线性判别分析（FLD），也称线性判别式分析（Linear Discriminant Analysis，LDA）（周唯，2018），广泛应用于特征提取与降维。FLD 力图找到一组最理想的投影方向，在各种投影方向上，能够比较好地区别练习集中化归属于不一样类型的样本。这类可分性，在数学上能够采用不同的规范去衡量。在其中较为常用的一种界定为：在投影后测试集上，类间离散度矩阵的行列式和类内离散度矩阵的行列式的比率更大化，FLD 可以在扩大类间离散度的前提下降低样本的类内离散度，从而使在投影空间内，不一样类型的样本尽可能分开，而归属于同一类型的样本将汇聚在一起，因此更适合鉴别。

FLD 是一种基于样本类别的整体特征提取的有效方法。在采用 PCA

方法进行特征提取的前提下，充分考虑了运动样本的类间信息内容。FLD的原理是找到一个理想的投影轴，使各个样本在这个轴上的投影之间的距离尽可能远，每个类中样本的投影尽可能接近，这样分类的实际效果最好，在减小到最小类内间距的同时，类之间的距离最大化。

Fisher 方法在解决子空间缩小问题上采用此方法。如果将多维度特征空间一个点投影到一条直线上，就能将特征空间转化成一维，这在数学上是非常容易办得到的。但是，在高维空间里非常容易分开的试品，将它们投影到随意一根直线上，有可能会不一样类型的试品就混在一起没法区别。如图 4.9（a）所示，向 x_1 轴或 x_2 轴的投影是无法区分的。如果线绕起点旋转，极有可能找到一个方向，并且样品在这些方向上投影在直线上，并且可以很好地分离各个样品，如图 4.9（b）所示。因此，直线方向的选择非常重要。一般来说，总能找到一个好的方向，这样试样就很容易在这些方向上投射到直线上。如何找到这个更好的直线方向，如何实现投影向最佳方向的变换，是费舍尔优化算法需要解决的基本问题，而这个投影变换恰好就是我们寻求的解向量 w^*。

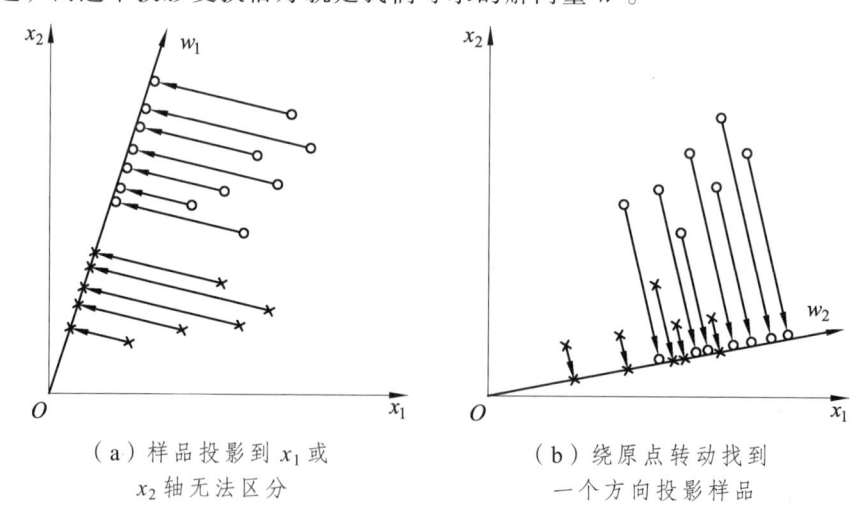

（a）样品投影到 x_1 或 x_2 轴无法区分

（b）绕原点转动找到一个方向投影样品

图 4.9 两种投影方法的示意图

这里只讨论两分类的问题，训练样本集是 $X=\{x_1,\cdots,x_n\}$，每一个样本是一个 d 维向量，其中 w_1 类的样本是 $X_1=\{x_{11},\cdots,x_{n11}\}$，$w_2$ 类的样本是 $X_2=\{x_{12},\cdots,x_{n12}\}$。我们要寻找一个投影方向 $\boldsymbol{W}$（$\boldsymbol{W}$ 是一个 d 维向量），投影以后的样本变成（周唯等，2018）

$$y_i = \boldsymbol{W}^{\mathrm{T}} X_i, \quad i=1,2,\cdots,N \tag{4.32}$$

在原样本空间中，类均值向量为

$$\boldsymbol{m}_i = \frac{1}{N_i}\sum_{x_j \in X_j} x_j, \quad i=1,2,\cdots,N \tag{4.33}$$

定义各类的类内离散度矩阵（Within-class Scatter Matrix）为

$$\boldsymbol{S}_i = \sum_{x_j \in X_j}(x_j - m_i)(x_j - m_i)^{\mathrm{T}}, \quad i=1,2,\cdots,N \tag{4.34}$$

总类内离散度矩阵（Pooled Within-Class Scatter Matrix）为（周唯，2018）

$$\boldsymbol{S}_W = \boldsymbol{S}_1 + \boldsymbol{S}_1 \tag{4.35}$$

类间离散度矩阵（Between-class Scatter Matrix）为（周唯，2018）

$$\boldsymbol{S}_b = (m_1 - m_2)(m_1 - m_2)^{\mathrm{T}} \tag{4.36}$$

Fisher 判别准则变为 Rayleigh 商

$$\max J_F(\boldsymbol{W}) = \frac{\boldsymbol{W}^{\mathrm{T}} \boldsymbol{S}_b \boldsymbol{W}}{\boldsymbol{W}^{\mathrm{T}} \boldsymbol{S}_b \boldsymbol{W}} \tag{4.37}$$

最佳投影方向

$$\boldsymbol{W}^* = \boldsymbol{S}_W^{-1}(m_1 - m_2) \tag{4.38}$$

决策规则

$$g(x) = \boldsymbol{W}^{\mathrm{T}} x + \boldsymbol{W}_0 \tag{4.39}$$

4.3.5.1 算法描述

1. 留一法

留一法是 K 折法的一种非正常情况。在 K 折法中，把全部训练集 S

分为 k 个不相交的子集，假定 S 里的训练示例数量为 N，那样每一个子集有 N/k 个训练示例，对应的子集称之为 $\{s_1,\cdots,s_n\}$。每一次从分得的子集中里边，拿出一个作为测试集，其他 k-1 个作为训练集，依据训练训练出实体模型或是假设函数。并把这一实体模型放进测试集上，获得归类率，测算 k 次求取的归类率的均值，作为该实体模型或是假设函数的实际归类率。

当取 K 的数值样本数量 N 时，将要每一个样本作为检测样本，其他 N-1 个样本作为训练样本。那样获得 N 个分类算法，N 个检测结果。用这样的 N 个过程的均值去衡量模型特性，这便是留一法。UCI 数据信息集中化，因为数据信息数量偏少，选用留一法能使样本使用率最大。

2. Iris 数据集

在 Iris 数据集中，有 150 个样本，共三类 Setosa、Versicolour、Virginica，一共有 4 维特征，分别为 sepal length、sepal width、petal length、petal width.

在 Fisher 线性判别方式中，因为只能判别两大类，所以把 Iris 数据集分三种情况：1-2 类，1-3 类，2-3 类，各自分辨每一种状况的 Fisher 判别准确率。用留一法对练习和测试样本开展区划以后，算出每一类中间的最佳投射方位 W_1、W_2、W_3 以后，然后再进行准确率测试。

3. Sonar 数据集

在 Sonar 数据集中，有 208 个样本，共两类：字母"R"（岩石）和"M"（矿井），而且有一共有 60 维的特征。

对于多维度的现象，我们可以得到数据在不同维度中的 Fisher 线形辨别准确率。在这时候出现了一个难题：怎样在 60 维中选择维数？假定我们应该测算在 42 维的准确率，选什么维数才比较接近真实值？对于此问题，本书选用数次抽样求平均的办法，对样板特征开展打乱，选前 42 维的特征来计算，反复 10 次打乱的过程，求准确率的均值，这可以避开因为一些特征较为便于区别而造成的精确率高过平均的现象。

4.3.5.2 仿真结果

1. Iris 数据集

图 4.10 为在最佳投影方向 W_0 投影的结果,其中黑色的点为 W_1 类,红色的点为 W_2 类,分类阈值为(0,0)点。

从投影点能够得知,第一类和第二类、第一类和第三类间隔尤其远,利用线形辨别能够很好地把它们分开,而第二类和第三类间隔较近,但利用线形辨别也可以基本上将其分开,得出来的准确度也能够证明这一点。

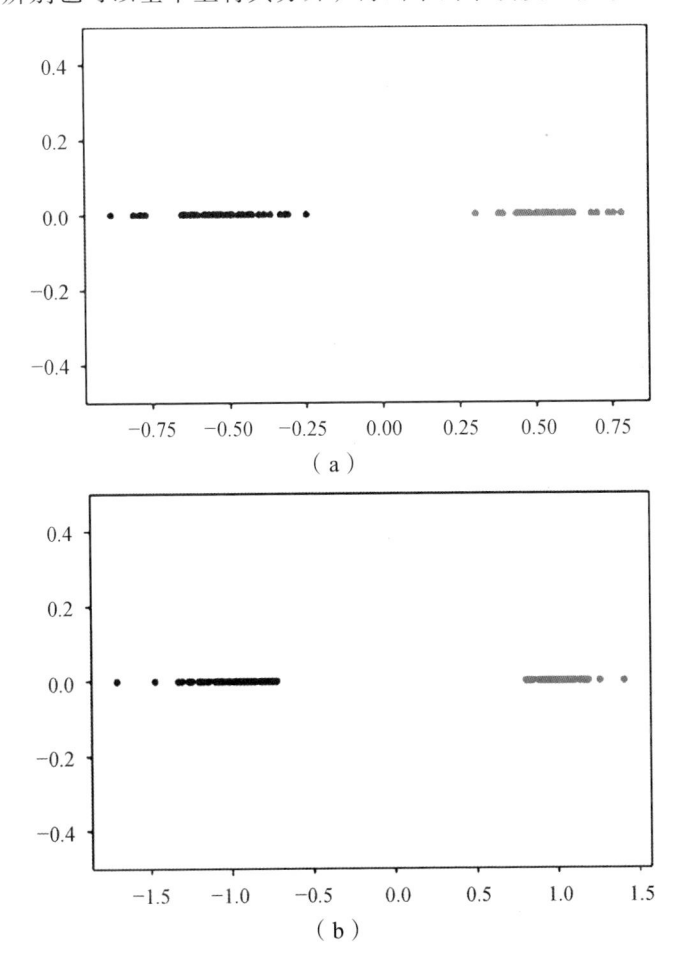

(a)

(b)

（c）

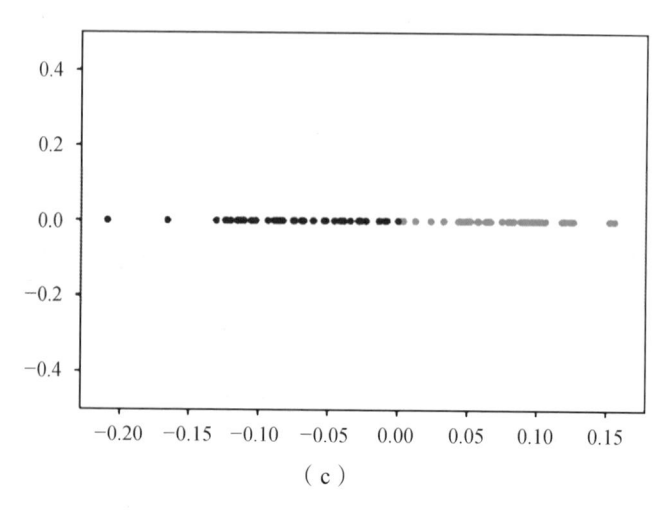

图 4.10　Iris 数据集仿真投影结果

2. Sonar 数据集

首先对 60 维的时候进行投影，得到两类的投影结果，如图 4.11 所示。

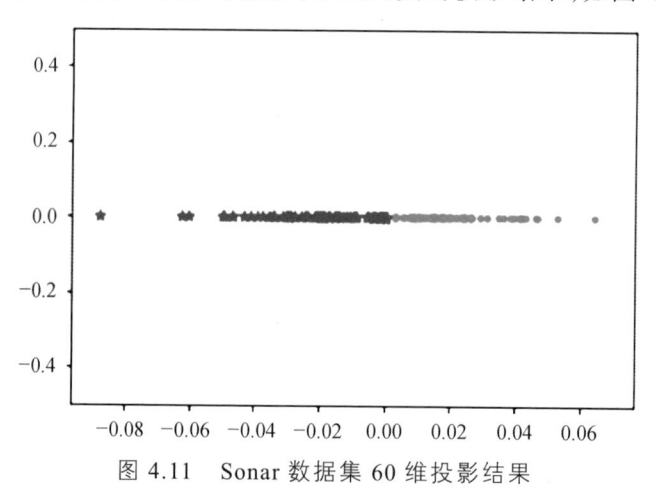

图 4.11　Sonar 数据集 60 维投影结果

从图 4.11 可以看出，两类的分界面处交集较多，准确率约为 0.75。

将 60 维扩大到 1~60 维，得出每一维的准确率，针对不同维数，画出曲线图（图 4.12、图 4.13）。

4 基于地物光谱仪的青花瓷鉴别分类

```
IPython console
  Console 1/A
当数据为40维时，Accuracy:0.742
当数据为41维时，Accuracy:0.729
当数据为42维时，Accuracy:0.739
当数据为43维时，Accuracy:0.740
当数据为44维时，Accuracy:0.737
当数据为45维时，Accuracy:0.745
当数据为46维时，Accuracy:0.727
当数据为47维时，Accuracy:0.741
当数据为48维时，Accuracy:0.741
当数据为49维时，Accuracy:0.740
当数据为50维时，Accuracy:0.747
当数据为51维时，Accuracy:0.739
当数据为52维时，Accuracy:0.746
当数据为53维时，Accuracy:0.728
当数据为54维时，Accuracy:0.735
当数据为55维时，Accuracy:0.744
当数据为56维时，Accuracy:0.749
当数据为57维时，Accuracy:0.744
当数据为58维时，Accuracy:0.744
当数据为59维时，Accuracy:0.752
```

图 4.12　Sonar 数据集不同维数的准确率

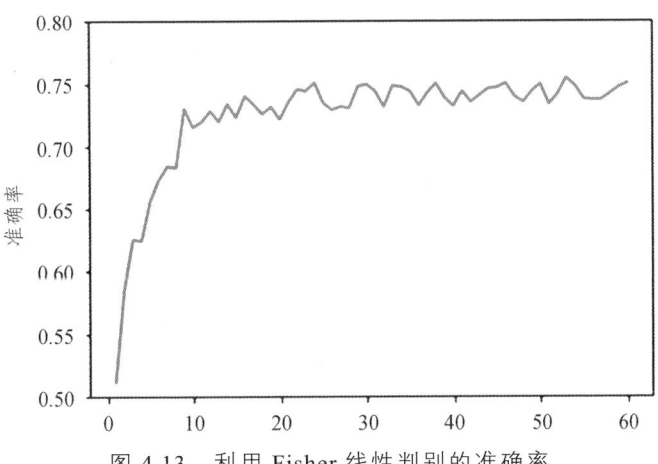

图 4.13　利用 Fisher 线性判别的准确率

从图 4.13 可以看出，在只有一维的时候，利用 Fisher 线性判别得出的准确率约为 0.5，随着维数的增长，准确率慢慢提高，最终趋于一个稳定值 0.75 左右。

4.3.5.3 代　码

GitHub 地址如下：

Pattern recognition / LDA

https://github.com/Fangzhenxuan/AI_Projects.git

4.4　基于地物光谱仪的分类方法

4.4.1　随机森林

随机森林（Randomforest，RF）（CULTER A, et al., 2012）是一种基于分类树的算法，它通过对大量分类树的汇总提高了模型的预测精度。随机森林快速、灵活，是挖掘高维数据的一种稳健方法，同时也是分类树和回归树的延伸。即使在存在大量特征和少量观测值的情况下，随机森林也表现良好。随机森林的树形构建过程隐含地允许特征之间的互动和特征之间的高度相关，随机森林结构如图 4.14 所示。

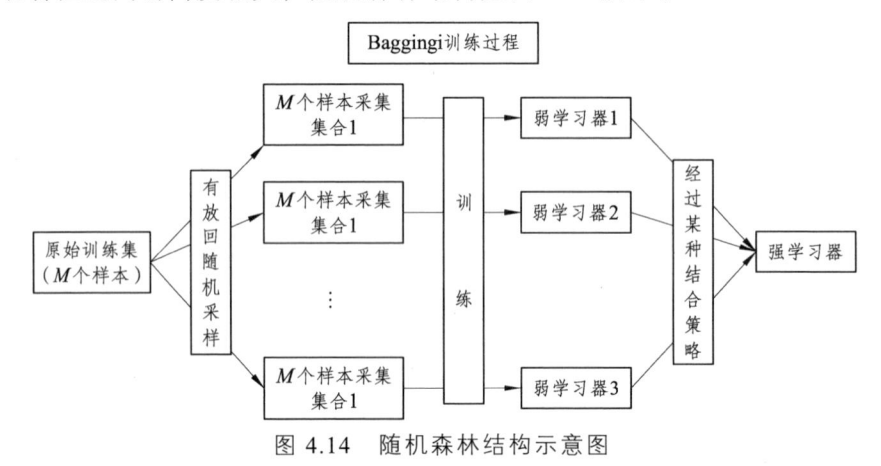

图 4.14　随机森林结构示意图

4.4.1.1 每棵树的生成规则

假如训练集尺寸为 N，针对每棵树来讲，任意并有放入地从训练集里提取 N 个训练样本（便是 bootstrap sample 方法，拔靴法取样）作为该树训练集；从这里出发我们能了解：每棵树的训练集都是不一样的，并且里边包括重复训练样本（王晓青，2016）。

如果出现 M 个特征，即在每一个连接点瓦解时，从 M 中随机抽取 m 个特征层面（$m \ll M$），使用这 m 个特征层面中最好特征（最大化信息增益）来切分连接点。在森林生长期间，m 的值保持不变。

一开始所提到的随机森林里的"任意"是指此处的 2 个偶然性（王晓青，2016）。2 个偶然性的引入对随机森林的种类特性尤为重要。因为它们引入，促使随机森林不会陷入多重共线性，并具有很好的抗噪水平（例如，对数值数据敏感度低）（王晓青，2016）。

4.4.1.2 随机森林分类效果（错误率）

随机森林分类效果（错误率）与以下两个因素有关：

（1）森林中任意两棵树的相关性：相关性越大，错误率越大（弱分类器应该 good 且 different）（王晓青，2016）。

（2）森林中每棵树的分类能力：每棵树的分类能力越强，整个森林的错误率越低。（弱分类器应该 good 且 different）（王晓青，2016）。

减小特征选择个数 m，树的相关性和分类能力也会相应的降低；增大 m，两者也会随之增大，因此重要环节怎么选择最佳的 m，也是随机森林的一个主要参数（王晓青，2016）。

4.4.1.3 OOB（袋外错误率）

上文提及，搭建随机森林的重要环节便是怎么选择最佳的特征数 m 这一主要参数，要解决这些问题重要依据测算袋外差错率（Out-of-bag Error，OOB Error）。

随机森林的一个重要优点是无需交叉验证它们或使用单独的测试集来获得偏差的无偏估计。它可以在外部进行评估，换句话说，可以在形成过程中建立偏差的无偏估计。

在搭建每棵树时，对测试集用了不同的 Bootstrap sample 引导程序示例（任意和插入提取）。因此，对于每棵树（假设第 k 棵树），大约 1/3 的练习没有参与第 k 棵树的形成，它们称之为第 k 棵树的 OOB 样本。但是，此采样特征允许每个人执行 OOB 可能性，其计算方法如下：

（1）对于每个样本，将树的分类状态测量为 OOB 样本（约占树的 1/3）；

（2）采用简单多数网络投票作为样本的类型结论；

（3）然后使用假除数与样本总数的比率作为随机森林的 OOB 误分率。

OOB 误分率是随机森林泛化误差的一个无偏估计，它结论无限接近需要很多测算的 k 折交叉验证。那样，就可以根据较为 OOB 误分率来选择一个比较好的特征数 m。

4.4.1.4 随机森林参数

在 scikit-learn 中，RF 的分类算法是 Random Forest Classifier，重归器是 Random Forest Regressor。RF 的参数也包含两个部分，第一部分是 Bagging 框架的参数，第二部分是一棵 CART 决策树的参数。

4.4.1.5 随机森林的特点

随机森林能够处理具有高维特征的输入样本，而且不需要降维；能够评估各个特征在分类问题上的重要性（Feature Importance）；在生成过程中，能够获取到内部生成误差的一种无偏估计（OOB）；对于缺省值问题也能够获得很好的结果（纪宇楠，2018）。

随机森林是一种有效的分类预测方法，对于噪声和异常值有较好的稳定性，较为适合处理高维光谱数据，对于缺失数据，仍可以维持准确度，对于数据集不均等的情况，随机森林可以平衡误差，与其他机器学习方法相比，随机森林的一个优势是其计算速度。额外的优点包括重要性测量的可用性和方便的特征选择程序。后者还允许将随机森林与其他机器学习方法相结合。具体来说，最重要的特征可以通过在第一步使用随机森林来选择。在特征数量较少的情况下，可以在第二步使用其他更耗费计算机时间的机器学习方法。但是当随机森林中的决策树过多时，训练时间和所需的空间将会增加，同时随机森林模型不易解释。

4.4.2 长短期记忆人工神经网络

长短期记忆（Long short-term memory，LSTM）（HOCHREITER S, et al., 1997）人工神经网络是一种具有记忆能力的循环神经网络，LSTM解决了循环神经网络梯度消失的问题，对时间序列数据间的非线性特征关系更能突出优势。LSTM适合于处理和预测时间序列中间隔和延迟非常长的重要事件。循环神经网络的重复模块只有单一的cell层，LSTM相比循环神经网络多出三层结构，分别是遗忘门层（Forget Gate）、输入门层（Input Gate）、和输出门层（Output Gate）。遗忘门层负责控制cell层的保存，输入门层负责控制cell层的信息写入，输出门层负责控制cell层的信息读取。因为这部分结构的存在，可以使LSTM存储比循环神经网络更丰富的信息。LSTM流程介绍如下（图4.15）。

（1）"Forget Gate"表示忘记门，该层的输出是一个介于0~1的数，表示允许信息通过的多少，0表示完全不允许通过，1表示允许完全通过。

$$f_t = \sigma(W_f[h_{t-1}, x_t] + b_f) \tag{4.40}$$

（2）"Input Gate"层和tanh层表明应该升级更新的新信息。"Input Gate"层根据sigmoid来确定什么值用于升级，tanh层用于形成一个新的备选值（程亚红等，2022）。

上两步结合起来就是丢掉不需要的信息，添加新信息的过程。

$$C_t = f_t \cdot C_{t-1} + i_t \cdot \tilde{C}_t \tag{4.41}$$

（3）"Output Gate"层和以后的一部分确定模型的输出，关键是根据 sigmoid 层得到一个原始输出，然后使用 tanh 将值缩放到-1 和 1 之间，然后将 sigmoid 得到的输出相乘，得到模型的输出（程亚红等，2022）。tanh 函数是对此前学习到信息的缩减解决，具有平稳标值的功效。

$$o_t = \sigma(W_o[h_{t-1}, x_t] + b_0) \tag{4.42}$$

$$h_t = o_t \cdot \tan h(C_t) \tag{4.43}$$

模型具体结构如图 4.15 所示。

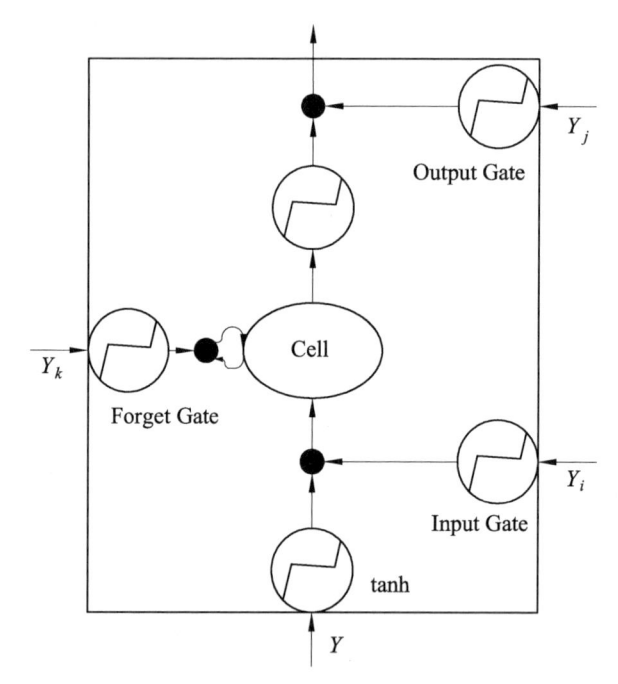

图 4.15　LSTM 的计算节点

Y、Y_i、Y_j、Y_k 均有输入层 x_t 的参与，图示中各字母公式为：

$$Y = \tanh(Z[x_t, h_{t-1}]) \tag{4.44}$$

$$Y_i = \sigma(Z_i[x_t, h_{t-1}]) \tag{4.45}$$

$$Y_j = \sigma(Z_j[x_t, h_{t-1}]) \tag{4.46}$$

$$Y_k = \sigma(Z_k[x_t, h_{t-1}]) \tag{4.47}$$

式中　Z——权重向量参数；

$[x_t, h_{t-1}]$——t 时刻输入的 x_t 与上一时刻在 cell 层保存信息 h_{t-1} 组合。

两者点积之后经过激活函数 tanh 最终得到一个数值就是 Y，另外三个公式为门控装置，激活函数为 sigmoid 函数，得到一个 0~1 的数据，用来作为输入门的控制信号（孟雪，2021）。

sigmoid 函数：在信息科学中，由于 sigmoid 单增及其反函数单增等特性，Sigmoid 函数经常被作为人工神经网络的激活函数，将自变量投射到 0，1 中间。在互联网中，一个节点的激活函数界定了这一节点在已知的输入或输入的结合中的输出。标准化的电子计算机芯片电路可以理解为是依据输入获得开（1）或关（0）输出的数字电路设计激活函数。其表达式为：

$$S(x) = \frac{1}{1+e^{-x}} \tag{4.48}$$

tanh 是双曲函数中的一个，tanh 为双曲正切。其公式为：

$$\tanh x = \frac{\sinh x}{\cosh x} = \frac{e^x - e^{-x}}{e^x + e^{-x}} \tag{4.49}$$

前馈神经元网络（Feedforward Neural Network，FNN），通称前馈互联网，是神经网络算法的一种。前馈神经元网络选用一种单边多层结构。在其中每一层包括多个神经元。在此类神经元网络中，各神经元能够接受前一层神经元信号，从而产生输出至下一层。第 0 层叫输入层，最后一层叫输出层，别的内层称为隐含层（或隐藏层、隐层）。隐层能是一层。还可以是双层。全部网络里无意见反馈，数据信号从输入层向输出层单向传播，可以用一个有向无环图表明。

遗忘门（Forget Gate）：取决于上一时刻的模块情况有多少保存到现阶段时刻。

键入门（Input Gate）：取决于现阶段时刻互联网的键入有多少储存到模块情况。

输出门（Output Gate）：控制模块情况有多少输出到 LSTM 的现阶段输出值。

LSTM 的反向传播：①精子活动率测算每一个神经元的输出值。②反方向测算每一个神经元的误差项值。两条路线分别是沿时间反向传播，也就是从现阶段 t 时刻开始，测算每一个时刻的误差项；将误差项往上一层散播。③依据对应的误差项，测算每一个权重的梯度方向。

4.5 基于地物光谱仪的分类精度分析

对建模组的 28 个样本在 350~950 nm 范围内的 450 个波段的数据进行逐步判别分析，根据 Wilks' Lambda 统计量，选定了判别不同青花料的 6 个特征波长 427.7 nm、455 nm、514.8 nm、549.8 nm、558.1 nm、718.4 nm。

CARS 以迭代和竞争的方式从蒙特卡洛抽样运行中依次选择一系列子集，以构建模型。然后通过指数递减函数和自适应重加权抽样，强行剔除变量。选择具有最低交叉验证均方根误差（RMSECV）值的子集，这就是最佳的变量组合。对建模组的 28 个样本在 350~950 nm 范围内的 450 个波段的数据进行筛选，最后选定了判别不同青花料的 6 个特征波长 416.1 nm、552.6 nm、559.5 nm、567.9 nm、735.6 nm、744.8 nm。

对建模组的 28 个样本在 350~950 nm 范围内的 450 个波段的数据进行试验，在尺度参数为 2^3 时，小波系数能与原始光谱拟合较好。选定了判别不同青花料的 6 个特征波长 433.4 nm、554 nm、585.8 nm、675.7 nm、718.4 nm、941.1 nm。

根据青花料光谱特征参量的变化规律，依照判别函数的建立法则，以不同类型青花料为分界线，当引入与删除变量 F 的概率分别为 0.05 和

4　基于地物光谱仪的青花瓷鉴别分类

0.10，可建立不同类型青花料判别函数。最终从 10 个光谱特征参量中选取了 6 个有效参量进行建模，分别是蓝峰中心反射率，蓝峰中心波长，绿峰中心反射率，近红外峰中心波长，蓝-绿吸收谷中心波长，绿-近吸收谷吸收深度。选中的光谱特征覆盖了每一个反射峰和吸收谷，且光谱取值和中心波长都有涉及，这说明本书选取的光谱特征和特征参量非常具有代表性，能够有效表征不同类别青花料的光谱差异。4 种特征挖掘方法获取的优选特征汇总如表 4.5 所示

表 4.5　优选特征汇总表

方法	优选特征					
逐步判别分析	427.7 nm	455 nm	514.8 nm	549.8 nm	558.1 nm	718.4 nm
CARS	416.1 nm	552.6 nm	559.5 nm	576.9 nm	735.6 nm	744.8 nm
CWT	433.4 nm	554 nm	585.8 nm	675.7 nm	718.4 nm	941.1 nm
基于光谱特征参量	蓝峰中心反射率	蓝峰中心波长	绿峰中心反射率	近红外峰中心波长	蓝-绿吸收谷中心波长	绿-近吸收谷吸收深度

将优选出来的特征分别输入随机森林（RF）算法和长短期记忆（LSTM）人工神经网络，RF 算法和 LSTM 算法均在 Python3.7 环境下实现，在 jupyternotebook 编译器调用 sklearn 机器学习模块中的分类算法。随机森林（RF）算法指定森林个数为 10 个，节点最大深度设置为 15 层；长短期记忆（LSTM）人工神经网络学习率为 0.001，batch_size 为 2，优化器选择为 Adam，损失函数为交叉熵损失函数。选用未参与建模的 28 个样本作为测试样本集进行分类测试，不同年代景德镇青花瓷分类结果混淆矩阵如图 4.16 和图 4.17 所示。

根据图 4.16 可以看出，使用逐步判别分析结合随机森林算法对不同年代景德镇青花瓷非成像光谱数据进行分类，在选取的 28 个测试样本集中，被正确分类的样本个数为 20 个，总体分类精度为 71.43%；使用 CARS 结合随机森林算法对不同年代景德镇青花瓷非成像光谱数据进行分类，

在选取的 28 个测试样本集中，被正确分类的样本个数为 21 个，总体分类精度为 75%；使用 CWT 结合随机森林算法对不同年代景德镇青花瓷非成像光谱数据进行分类，在选取的 28 个测试样本集中，被正确分类的样本个数为 22 个，总体分类精度为 78.57%；使用光谱特征参量结合随机森林算法对不同年代景德镇青花瓷非成像光谱数据进行分类，在选取的 28 个测试样本集中，被正确分类的样本个数为 22 个，总体分类精度为 78.57%。CWT 和光谱特征参量在使用随机森林算法进行分类时，两者的总体分类精度相同，但是从混淆矩阵结果分析，CWT 正确划分 4 个类别，光谱特征参量正确划分 5 个类别。根据图 4.16 还可以看出，4 种特征挖掘方法结合随机森林算法对不同年代景德镇青花瓷非成像光谱数据进行分类时，均可以正确地将第 5 类和第 9 类划分到对应年代。实验结果表明，使用 4 种特征挖掘的方法结合随机森林算法对不同年代景德镇青花瓷非成像光谱数据进行分类是可行的，并且使用光谱特征参量结合随机森林算法进行分类时取得的效果最好。

根据图 4.17 可以看出，使用逐步判别分析结合长短时记忆人工神经网络算法对不同年代景德镇青花瓷非成像光谱数据进行分类，在选取的 28 个测试样本集中，被正确分类的样本个数为 25 个，总体分类精度为 89.29%；使用 CARS 结合长短时记忆人工神经网络算法对不同年代景德镇青花瓷非成像光谱数据进行分类，在选取的 28 个测试样本集中，被正确分类的样本个数为 23 个，总体分类精度为 82.14%；使用 CWT 结合随机森林算法对不同年代景德镇青花瓷非成像光谱数据进行分类，在选取的 28 个测试样本集中，被正确分类的样本个数为 24 个，总体分类精度为 84.71%；使用光谱特征参量结合随机森林算法对不同年代景德镇青花瓷非成像光谱数据进行分类，在选取的 28 个测试样本集中，被正确分类的样本个数为 24 个，总体分类精度为 84.71%。根据图 4.17 还可以看出，4 种特征挖掘方法结合长短时记忆人工神经网络算法对不同年代景德镇

4 基于地物光谱仪的青花瓷鉴别分类

青花瓷非成像光谱数据进行分类时,均可以正确地将第 1 类、第 2 类、第 5 类、第 8 类和第 9 类划分到对应年代。实验结果表明,使用 4 种特征挖掘的方法结合长短时记忆人工神经网络算法对不同年代景德镇青花瓷非成像光谱数据进行分类同样是可行的,并且使用逐步判别分析结合长短时记忆人工神经网络算法进行分类时取得的效果最好。

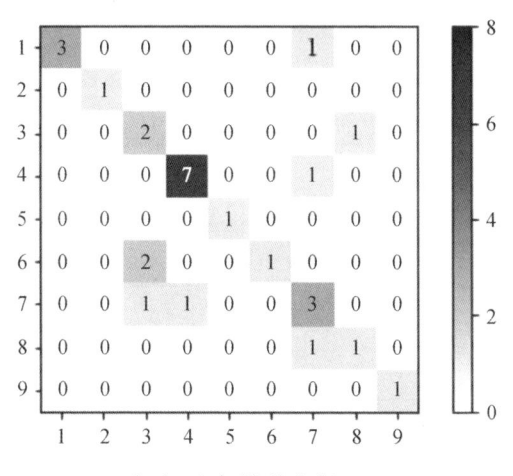

(a)逐步判别分析-RF

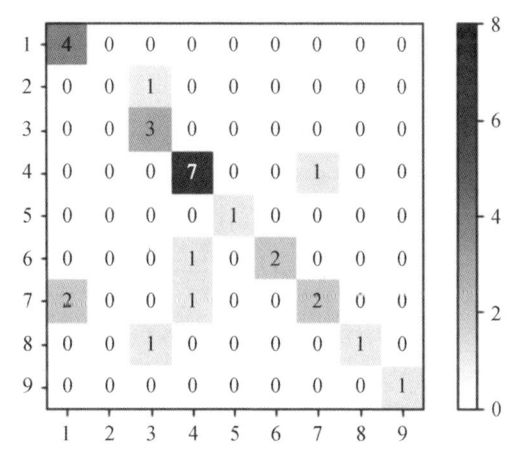

(b)CARS-RF

（c）CWT-RF

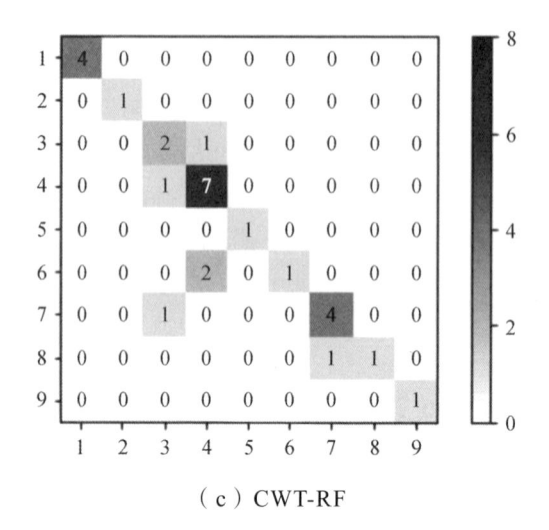

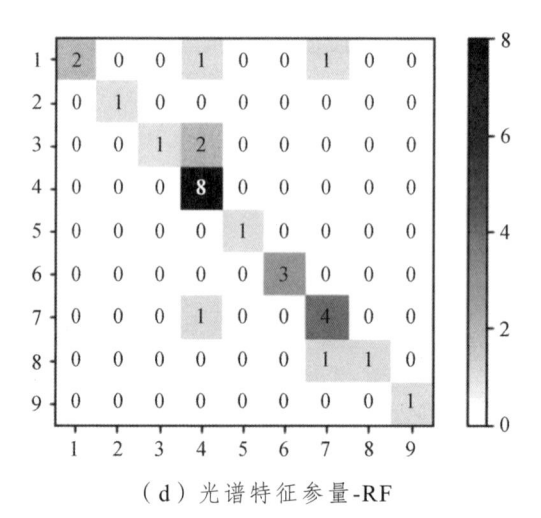

（d）光谱特征参量-RF

图 4.16 随机森林分类混淆矩阵结果图

4　基于地物光谱仪的青花瓷鉴别分类

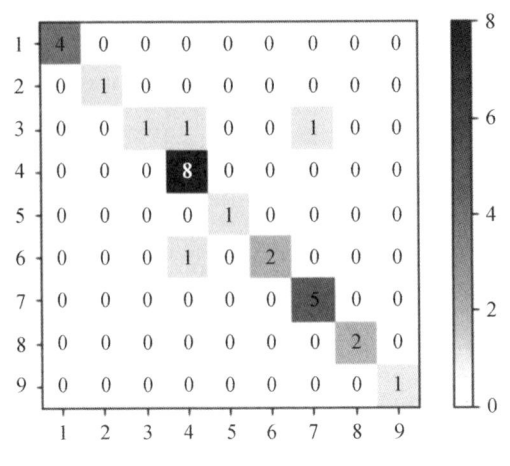

（a）逐步判别分析-LSTM

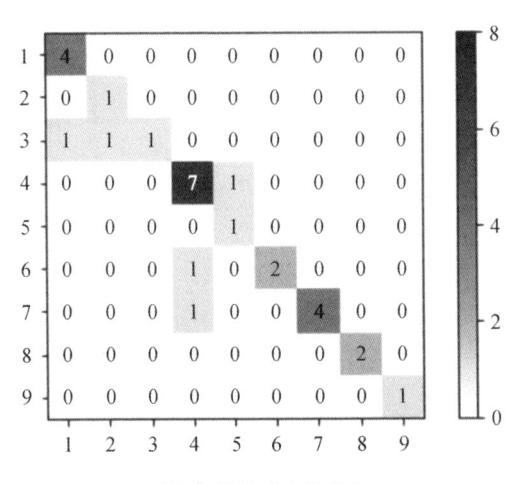

（b）CARS-LSTM

（c）CWT-LSTM

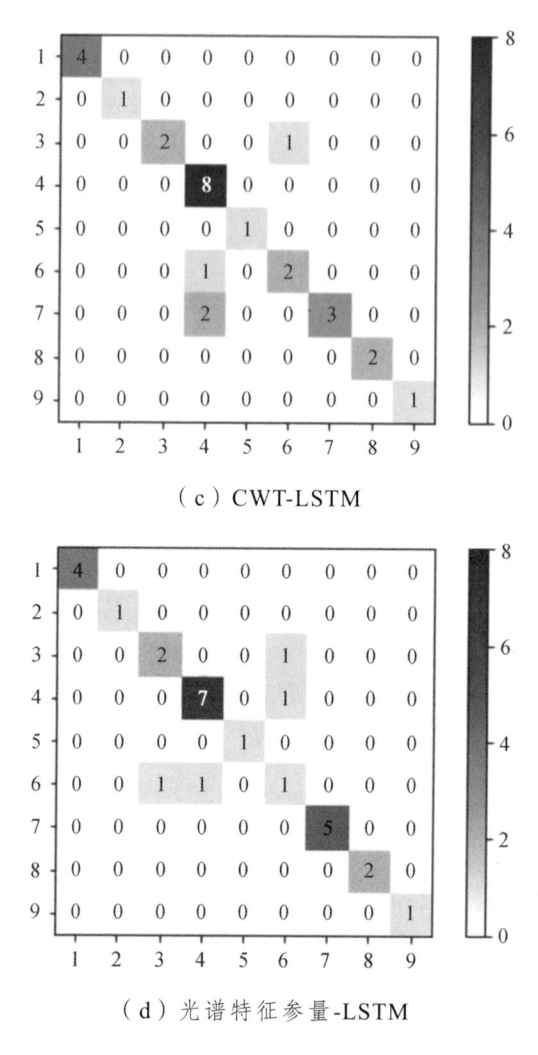

（d）光谱特征参量-LSTM

图 4.17 长短期记忆人工神经网络分类混淆矩阵结果图

图 4.18 为不同分类方法总体分类精度示意图，可以看出，在使用相同的特征挖掘方法时，使用长短时记忆人工神经网络算法进行分类的总体分类精度均高于随机森林算法，说明长短时记忆人工神经网络算法更适合对不同年代景德镇青花瓷非成像光谱数据进行分类。同时可以看出，

4 基于地物光谱仪的青花瓷鉴别分类

使用逐步判别分析结合长短时记忆人工神经网络算法是所有分类方法中效果最好的组合。

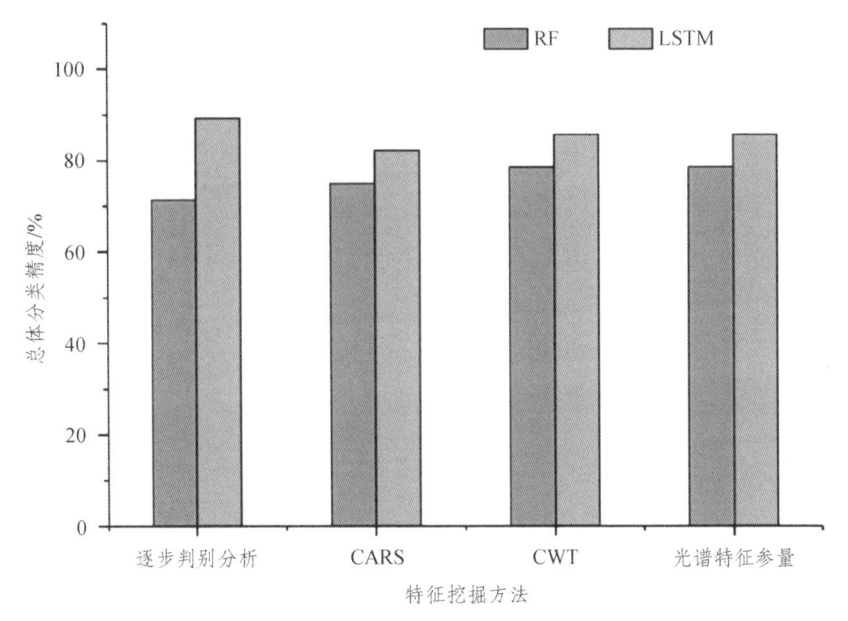

图 4.18 不同分类方法总体分类精度

图 4.19 和图 4.20 是随机森林算法和长短时记忆人工神经网络算法对不同年代景德镇青花瓷非成像光谱数据进行分类时取得的 F1-score。由图 4.19 和图 4.20 可以看出，4 种特征挖掘方法结合随机森林算法对不同年代景德镇青花瓷非成像光谱数据进行分类时，在第 9 类处取得 F1-score 均为 100%，4 种特征挖掘方法结合长短时记忆人工神经网络算法对不同年代景德镇青花瓷非成像光谱数据进行分类时，在第 8 类和第 9 类取得 F1-score 均为 100%。同时，计入统计的 F1 score 总数为 36 个，其中随机森林算法 F1-score 值取得 100%的个数为 13 个，长短时记忆人工神经网络算法 F1-score 值取得 100%的个数为 18 个，分别占统计总数的 36.11% 和 50%。这也从一个方面说明使用长短时记忆人工神经网络算法对不同年代景德镇青花瓷非成像光谱数据进行分类，效果优于随机森林算法。

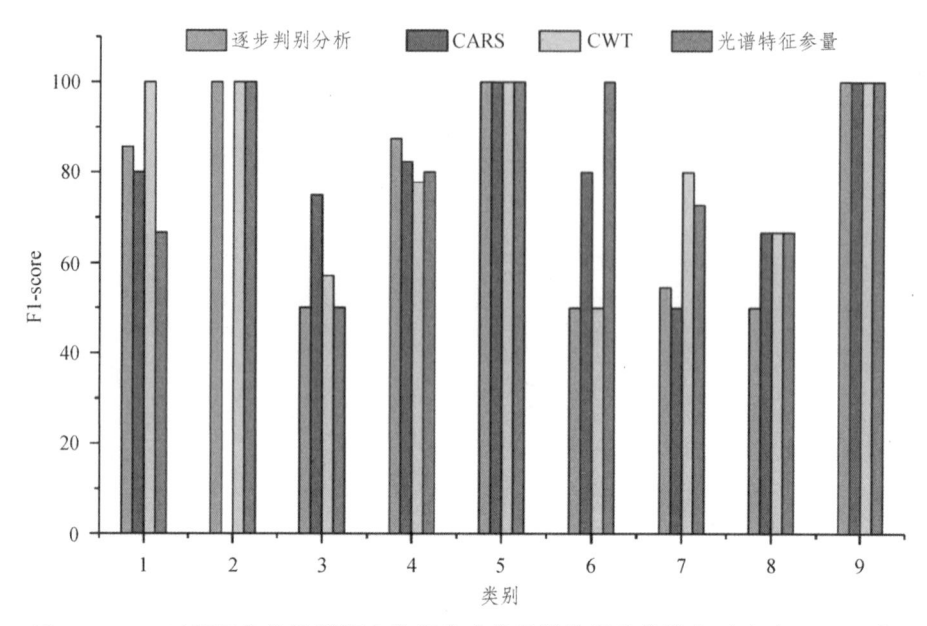

图 4.19 RF 对不同年代景德镇青花瓷非成像光谱数据分类精度对比（F1-score）

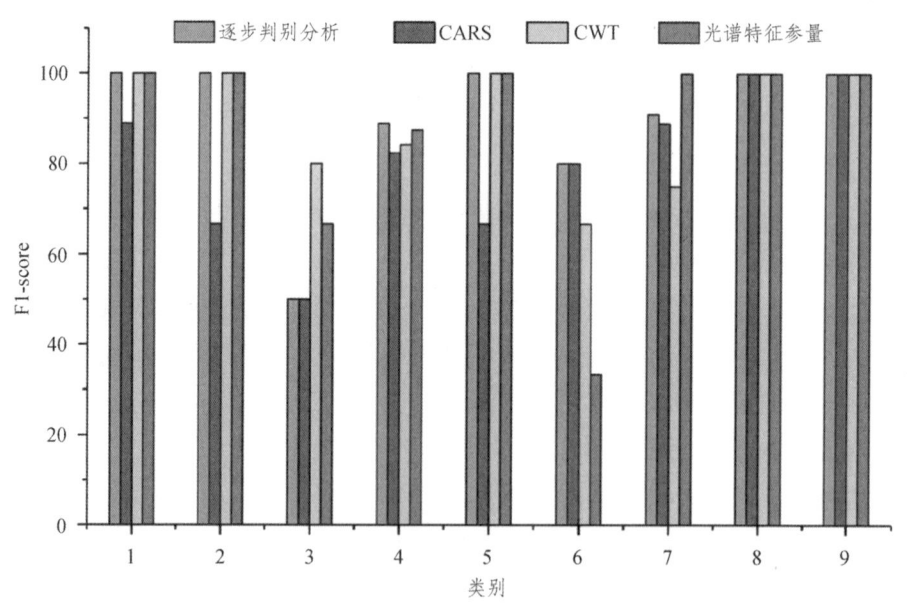

图 4.20 LSTM 对不同年代景德镇青花瓷非成像光谱数据分类精度对比（F1-score）

4.6　小　结

本章使用波段选择（逐步判别分析和 CARS）、特征提取（CWT 和光谱特征参量）两种方法，提取特征波段结合随机森林算法和长短时记忆人工神经网络算法对不同年代景德镇青花瓷进行分类，其中总体分类精度最低为 71.43%，最高为 89.29%，证明了使用特征挖掘结合随机森林算法和长短时记忆人工神经网络算法可以正确地将不同年代青花瓷样本分类到对应的年代。使用 4 种特征挖掘的方法，在控制优选特征个数相同的情况下，将各个方法的优选特征结合随机森林算法和长短时记忆人工神经网络算法对不同年代景德镇青花瓷进行分类，逐步判别分析结合长短时记忆人工神经网络算法是所有分类方法中精度最高的组合，表明该组合可以有效提取高光谱信号中青花瓷年代的隐藏信息，适合用于高光谱数据中不同年代景德镇青花瓷分类研究，为第五章研究打下基础。使用 4 种特征挖掘的方法对不同年代青花料进行处理，优选出的特征位置大多集中在波峰和波谷的位置附近，可以验证这些波段正是进行不同年代青花瓷分类的有效波段。

综上所述，利用非成像光谱数据可以快速提取不同年代景德镇青花瓷光谱信息，对其进行准确分类识别。然而，由于青花瓷光谱反射特性的影响因素很多，不同青花料在不同的历史时期又会呈现出不同的光谱特征，如何利用高光谱技术建立全面有效的不同年代青花瓷分类方法还需要进一步研究。

5 基于成像光谱仪的景德镇青花瓷鉴别分类

虽然单独使用迁移学习网络模型虽然可以输出图像的类别，但是数据的前期准备过于复杂，并且在某些时期的景德镇青花瓷图像并不易于区分正确。同时作为景德镇青花瓷来说，想要获取充分数量的景德镇青花瓷非成像光谱数据并不容易，与迁移学习网络模型训练所需的图像样本来说，景德镇青花瓷非成像光谱数据的样本是较少的，想要获取足够的数据成本又太大。本章获取的成像光谱数据具有图谱合一的特点，即同时包括样本的图像信息和光谱信息。

空间维是成像光谱数据最直观的表现形式，在对成像光谱数据空间维进行分类的时候，选取训练样本往往是很方便的，可以通过随机选择的 3 个波段合成图像，将图像进行预处理即可进行图像模式下的不同年代景德镇青花瓷图像的分类（彭玉凤，2021）。在成像光谱数据的光谱维中，每一个像元矢量都有一条近似连续的光谱曲线相对应，该曲线视为像元相对区域对电磁波波段的光谱响应函数，每个像元的灰度值在不同波段中的变化反映出了此像元所代表的目标信息，这也是进行目标识别和分类的前提。高光谱成像数据随着波段的增多，样本的光谱数据量大量增加，为非成像光谱模式下的不同年代景德镇青花瓷图像的分类打下了基础。

5.1 实验仪器与数据获取

5.1.1 成像光谱仪

成像光谱仪也称高光谱成像仪，具有"图谱合一"的特点。它能够在紫外、可见光、近红外以及中红外波段，获取许多非常窄而且光谱连续的图像数据。成像光谱仪以完整曲线的方式将视域中观测到的各种地物都记录下来。这些记录下来的光谱数据能够应用于许多学科的研究和应用中。成像光谱仪依据其结构和原理主要分为两大类，一类为线阵探测器加光机扫描型，也称作摆扫型，另一类为面阵加空间推帚型，也称推扫型。

成像光谱仪数据具有光谱分辨率极高的优点，同时由于数据量巨大，难以进行存储、检索和分析。为解决这一问题，必须对数据进行压缩处理，而且不能沿用常规少量波段遥感图像的二维结构表达方法。图像立方体就是适应成像光谱数据的表达而发展起来的一种新型的数据格式，它是类似扑克牌式的各光谱段图像的叠合。如图 5.1 所示，立方体正面的图像是一幅自己选择的三个波段图像合成，它是表示空间信息的二维图像，在其下面则是单波段图像叠合；位于立方体边缘的信息表达了各单波段图像最边缘各像元的地物辐射亮度的编码值或反射率，这种图像表示形式亦称为影像立方体。

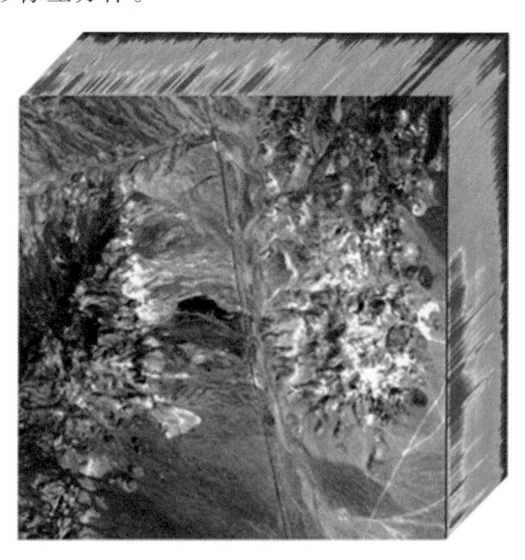

图 5.1 高光谱图像立方体示意图

从几何角度来说，成像光谱仪的成像方式与多光谱扫描仪相同，或与CCD线阵列传感器相似，因此，在几何处理时，可采用与多光谱扫描仪和CCD线阵列传感器数据类似的方法。但目前，成像光谱仪只注重提高光谱分辨率，其空间分辨率却较低（几十甚至几百米）。正是因为成像光谱仪可以得到波段宽度很窄的多波段图像数据，所以它多用于地物的光谱分析与识别上。特别是，由于目前成像光谱仪的工作波段为可见光、近红外和短波红外，因此对于特殊的矿产探测及海色调查是非常有效的，尤其是矿化蚀变岩在短波段具有诊断性光谱特征。

高光谱分辨率遥感信息分析处理，集中于光谱维上进行图像信息的展开和定量分析，其图像处理模式的关键技术有：① 超多维光谱图像信息的显示，如图像立方体的生成；② 光谱重建，即成像光谱数据的定标、定量化和大气纠正模型与算法，依此实现成像光谱信息的图像-光谱转换；③ 光谱编码，尤其指光谱吸收位置、深度、对称性等光谱特征参数的算法；④ 基于光谱数据库的地物光谱匹配识别算法；⑤ 混合光谱分解模型；⑥ 基于光谱模型的地表生物物理化学过程与参数的识别和反演算法。

高端的成像光谱仪采用了透射型体相全息衍射光栅，其在可见光到近红外波段具有低杂散光、低吸收率特点；由于核心部分密封在玻璃或其他透明材质中，因此寿命长、容易清洁、抗刮擦，非常适合各种苛刻的野外的应用环境。

成像光谱仪工作方式主要为推扫式，为了实现扫描过程，一般利用外接扫描平台带动光谱仪运行；由于扫描平台比较笨重，且增加了耗电量，给野外工作带来诸多不便，所以现在最新型的成像光谱仪取消了扫描平台，改为内置式扫描设计，减轻了整机重量和能耗，而且可以直接进行垂直向下测量，更利于野外使用。

不同年代景德镇青花瓷成像光谱数据的采集选用Surface Optics Corp公司开发研制的SOC710-vp便携式可见/近红外高光谱成像光谱仪（下文简称SOC），如图5.2所示。SOC采用内置推扫式光谱成像技术，

无需外部运动平台，可在现场获取目标在 400~1000 nm 波长范围内 128 个波段的高光谱图像立方体，成像速度为 232 s/cube。SOC 的双 CCD 可视化对焦，能够直接预览测量区域图像；采集软件具有光谱单波段灰度图像、彩色合成图像以及光谱曲线的实时显示功能；可显示任一单波长影像，并可用软件制作 3D 高光谱立体图像显示；可以视频模式存储并连续播放不同波长的影像，且仪器经过严格 NIST 可溯源校准，可进行优良辐射测量，数据准确可靠。SOC 高光谱图像的光谱分辨率为 4.68 nm，每个波段的图像像素密度为 520*696。相较于传统的非成像光谱仪（如 ASD 野外光谱辐射仪和 SVC 系列野外光谱仪），SOC 光谱仪可以直接获取面状的成像光谱数据，实现了点到面的光谱测量。

图 5.2 SOC710-VP 成像光谱仪

本书选取故宫博物院保存的明、清时期部分青花瓷碎片进行数据采集，为保证数据精度，测量时选择室内测量，光照情况稳定。使用深色支架，通视条件良好，测量期间周边无移动物体出现。测量人员穿着暗色衣物，测定时人员和仪器背光测量，前面无遮挡。测量期间测量人员和辅助人员未出现明显的移动。

5.1.2 数据获取及预处理

本章研究中使用的样本是不同年代景德镇青花瓷碎片，包括明嘉靖、

5　基于成像光谱仪的景德镇青花瓷鉴别分类

明万历、明成化和清康熙 4 个不同的历史时期（图 5.3），这些年代同时被包括在第 3 章和第 4 章实验数据划分的历史时期中，可以通过成像光谱的空间维、光谱维以及空谱联合等手段对前期的建立模型的进行验证。在验证成像光谱的空间维和光谱维时，如果分类输出没有在上述 4 个历史时期，待分类样本将会被归类到其他；同理，在利用成像光谱的空谱联合信息进行分类时，如果分类输出没有在上述 4 个历史时期，待分类样本将会被归类到其他。

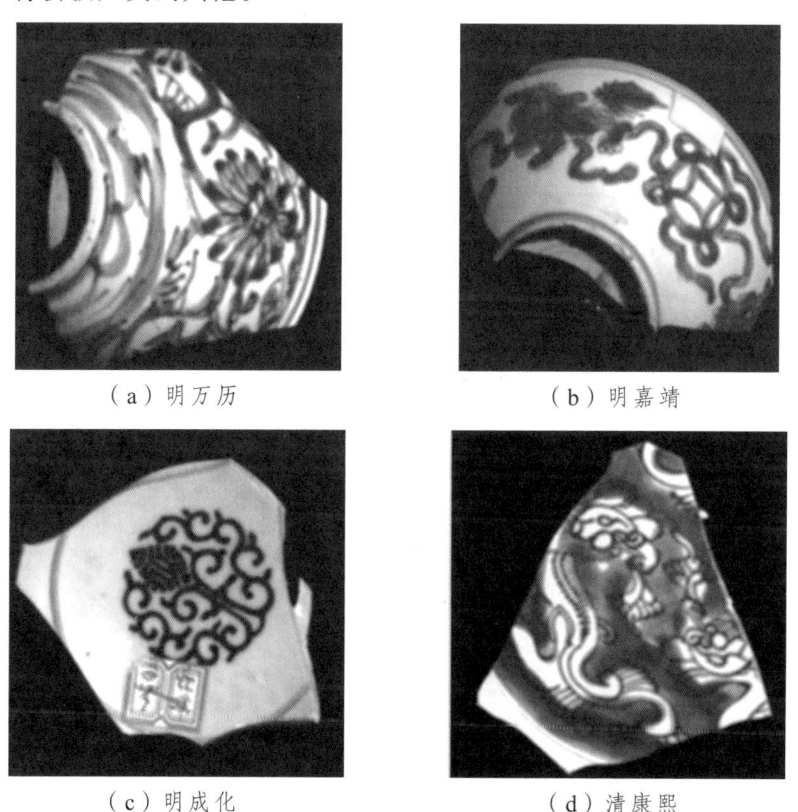

（a）明万历　　　　　　　　（b）明嘉靖

（c）明成化　　　　　　　　（d）清康熙

图 5.3　不同历史时期景德镇青花瓷样本展示

在实验室室内灯源条件下，使用 SOC 成像光谱仪测量获得隐含信息青花瓷碎片样本光谱。根据规范操作流程进行操作。为保证数据精度，

测量时选择室内测量，光照情况稳定。使用深色支架，通视条件良好，测量期间周边无移动物体出现。测量人员穿着暗色衣物，测定时人员和仪器背光测量，前面无遮挡。

针对获得青花瓷样本的成像光谱数据，进行超多维光谱图像信息的显示，即建立高光谱图像立方体，如图5.4所示。

（a）明万历

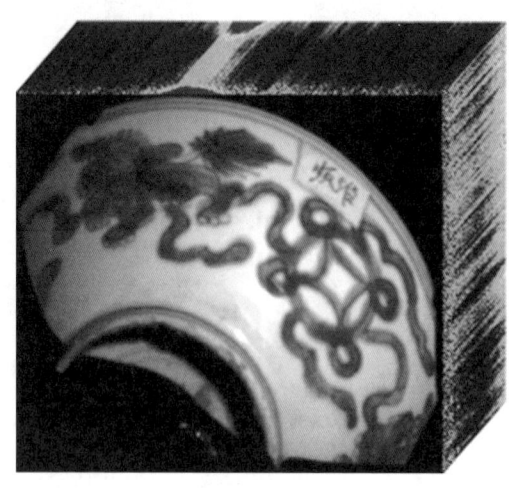

（b）明嘉靖

5　基于成像光谱仪的景德镇青花瓷鉴别分类

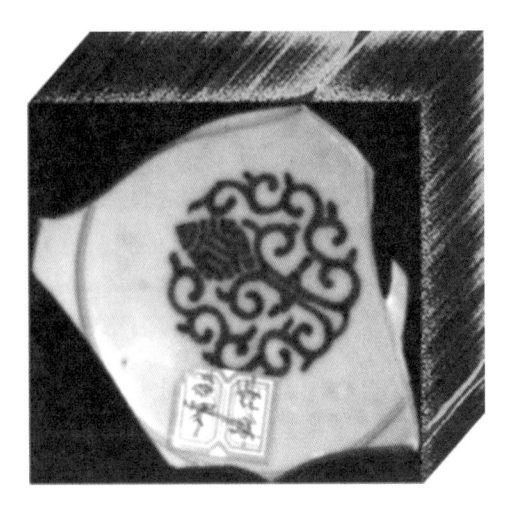

（c）明成化

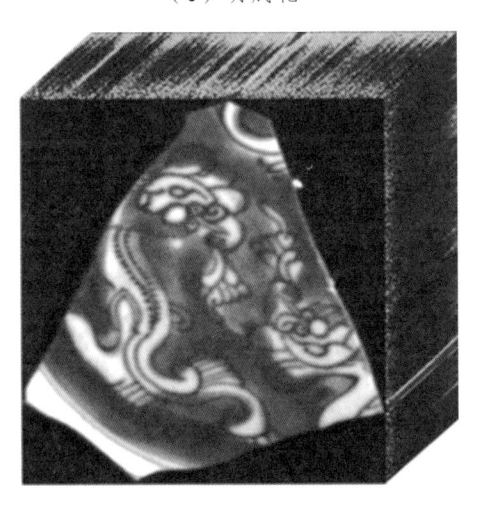

（d）清康熙

图 5.4　不同历史时期青花瓷样本高光谱图像立方体

高光谱遥感图像是通过目标的光谱信息和空间信息来表达不同目标之间的区别，高光谱图像分割就是对高光谱图像中的光谱信息和空间信息进行分析后，采用一定的手段划分出感兴趣的目标区域。本书采用基于 K-Means 聚类的高光谱遥感图像分割将青花瓷与背景分割，随机选择可以表现青花瓷图像信息较好的红（620~720 nm）、绿（500~560 nm）、蓝（430~470 nm）中的 3 个波段，作为 RGB 彩色显示的 3 个波段，然后利用 ENVI5.3 软件对不同年代青花瓷的成像数据进行图像导出，获取不同年代景德镇青花瓷的图像，最终每幅图像得到 20 张不同波段组合的图像，以满足基于空间维的不同年代景德镇青花瓷分类研究。

数据集采用数据增强的方法，使用的具体方法包括随机角度翻转、添加随机噪声、增加亮度和对比度，同时通过数据增强的方法还能够缓解过拟合问题，设定输入图像的大小为 224*224 像素，同时对输入图像进行归一化处理。这可以更细致地描述青花瓷器的特征，同时达到数据集扩充的目的，进行图像的局部裁剪，裁剪后将不包含青花瓷器特征的图像或只包含少量特征的图像剔除。利用成像光谱数据的空间维构建的图像数据，得到明成化、明嘉靖、明万历、清康熙四个时期的 640 个验证样本。在进行数据集的划分时，将每一张原始数据和其增强后的图像数据看作是一组，按照训练集和测试集 4∶1 的比例进行随机划分，每一组数据只会被一起分到训练集或者测试集，确保划分数据集时不发生数据泄露影像实验结果。

对 VGG16 和 ResNet50 网络模型进行调整，保存模型的卷积层参数，对模型的最后一层全连接层进行修改，将原网络的 1000 个输出类别修改为 4，以适应本研究的经过高光谱成像数据所构建的不同年代景德镇青花瓷 RGB 图像分类。

使用 SOC SRAnal710 软件对青花瓷样本进行辐射校正、反射率转换和 SG 平滑等预处理，得到青花瓷样本反射率。本书采用 Savizkg-Golag 平滑算法对获取的高光谱影像进行平滑处理。Savizkg 等人（SAVITZKY A, et al., 1964）在 1964 年首次发现 Savizkg-Golag 平滑算法，这是一种可以有效地消除散射影响的方法，基于最小二乘原理，可以让数据图像变得更加平滑，使用 Savizkg-Golag 平滑算法的优势在于滤除噪声的同时保

证光谱信号的形状和宽度保持不变。选取 5*5 的窗口大小对目标样本进行平滑处理，通过平滑去噪可以去除掉因光照等其他条件以及仪器自身性能引起的噪声。

实验获取的不同年代景德镇青花瓷成像光谱数据为面状数据，为确保选取的光谱数据更加具有代表性，首先在影像中选取感兴趣区域，选取的感兴趣区域为清晰且显著的青花料区域，对该区域进行均匀采样，并得到该区域采样区的光谱平均反射率。具体是在不同的青花料区域均匀抽取 160 个样本，每个样本包含 9 个像元，然后计算得到样本平均光谱曲线，明成化、明嘉靖、明万历和清康熙各得到 160 条平均光谱曲线，将获取的平均值作为不同时期青花料的真实光谱反射率进行处理和分析，以满足基于光谱维的不同年代景德镇青花瓷分类研究。

图 5.5 是明万历时期青花瓷的非成像光谱和成像光谱的反射率曲线，其中图（a）是青花瓷非成像光谱的反射率曲线，图（b）是青花瓷成像光谱的反射率曲线。通过图 5.5（a）（b）可以看出，明万历时期青花瓷的非成像光谱和成像光谱的反射率曲线轮廓大致相同，都是在可见近红外波段有明显特征，具体同第 4 章介绍的三峰两谷。

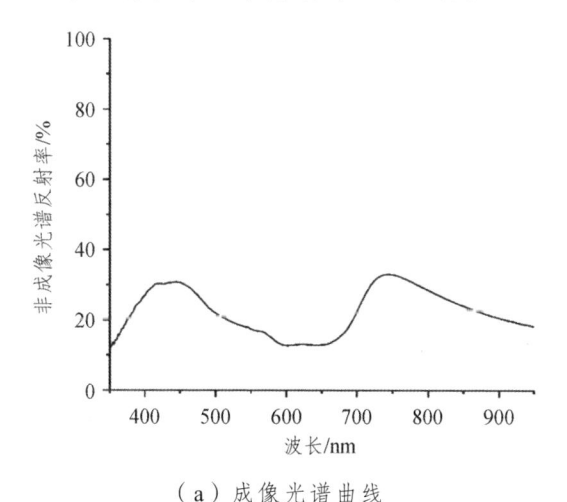

（a）成像光谱曲线

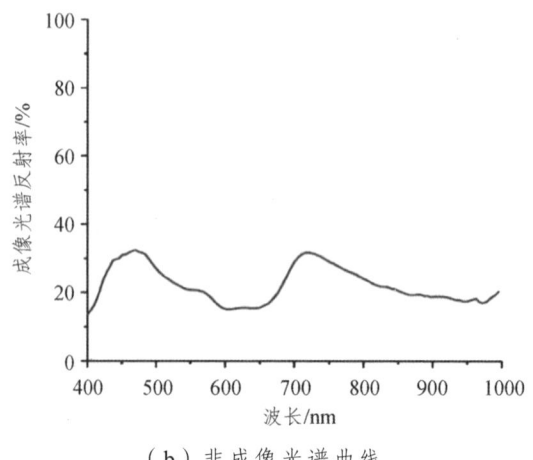

(b)非成像光谱曲线

图 5.5 明万历青花瓷光谱反射率曲线

5.2 基于空间维的景德镇青花瓷年代分类

5.2.1 成像光谱数据空间维

高光谱图像的空间维是指该图像在空间上覆盖的区域，也称为空间分辨率。在高光谱图像中，每个像素都代表着一个小区域的颜色和亮度。空间维度决定了图像中每个像素的位置和大小，对于物体的检测、识别和分类等任务非常重要。高光谱图像的空间维度通常包括两个方面，即像素数量和像素分布。像素数量指的是图像中像素的总数，通常可以通过图像的高度和宽度来确定。在一些高分辨率的高光谱图像中，像素数量可以达到数百万或更多，因此这些图像可以提供非常详细的空间信息。像素分布指的是像素在图像中的位置和密度分布，通常是由采集数据的传感器或仪器决定的。在某些高光谱图像中，像素分布是均匀的，即像素在图像中分布比较均匀，而在其他一些图像中，像素分布可能是不均匀的，即像素在图像的某些区域密集而在其他区域则稀疏。

在高光谱图像中，空间维度的重要性主要体现在以下几个方面。首先，空间维度决定了图像的分辨率和清晰度，即图像中的每个像素都代表着一个小区域的信息，可以提供非常详细的空间信息。其次，空间维度可以用于定位和匹配特定的物体或场景，从而帮助进行物体的识别和分类等任务。此外，空间维度还可以用于图像的处理和分析，例如图像增强、滤波、分割等。最后，空间维度可以与光谱维度结合使用，以提高对物体的识别和分类的准确性。

5.2.2 数据处理流程

数据集采用数据增强的方法，使用的方法包括随机角度翻转、添加随机噪声、增加亮度和对比度。之后再经过归一化处理、局部裁剪等方法，得到明成化、明嘉靖、明万历、清康熙四个时期的640个验证样本。

具体方法：（1）随机角度翻转：以图像中心为旋转中心旋转15°。

（2）添加随机噪声：对图像分别添加30%的椒盐噪声和高斯噪声。

（3）增加亮度和对比度：调整图像的亮度为原来的90%和150%。

（4）归一化处理：对数据集图像进行归一化处理是利用深度学习进行图像分类任务时的重要环节，图像归一化是将数据集中的图像在大小和像素值两个方面置于一个共同的统计分布中，实现数据的一致性。经过归一化处理，像素值将调整到（0，1）区间，可以加速模型训练。

（5）局部裁剪：分别以每张图像长和宽的1/1.5处、1/2处、1/2.5处和1/3处为中心进行局部裁剪，裁剪的图像大小为100*100。将裁剪后不包含青花瓷器特征的图像或只包含少量特征的图像删除。通过局部裁剪得到更细致地描述青花瓷器的特征，从而对数据集进行扩充。

最终利用成像光谱数据的空间维构建的图像数据，得到明成化、明嘉靖、明万历、清康熙四个时期的640个验证样本。如图5.6至图5.9展示明成化、明嘉靖、明万历、清康熙四个时期部分样本。

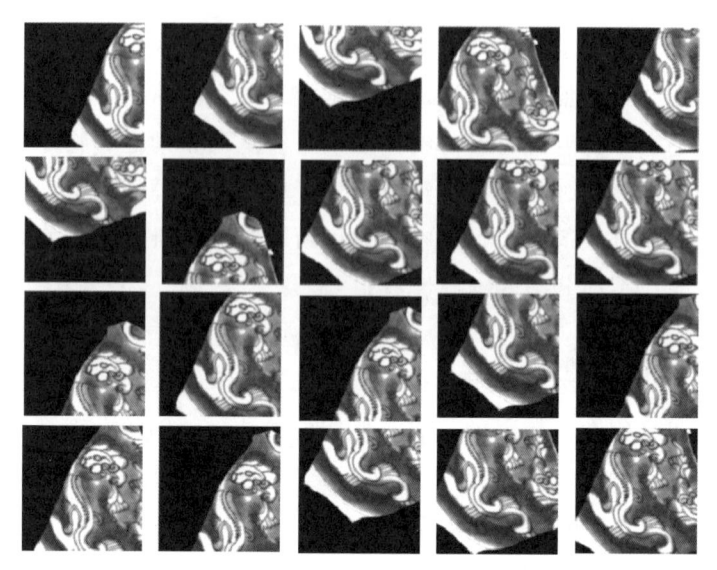

图 5.6　明成化青花瓷成像光谱数据空间维成像部分样本展示

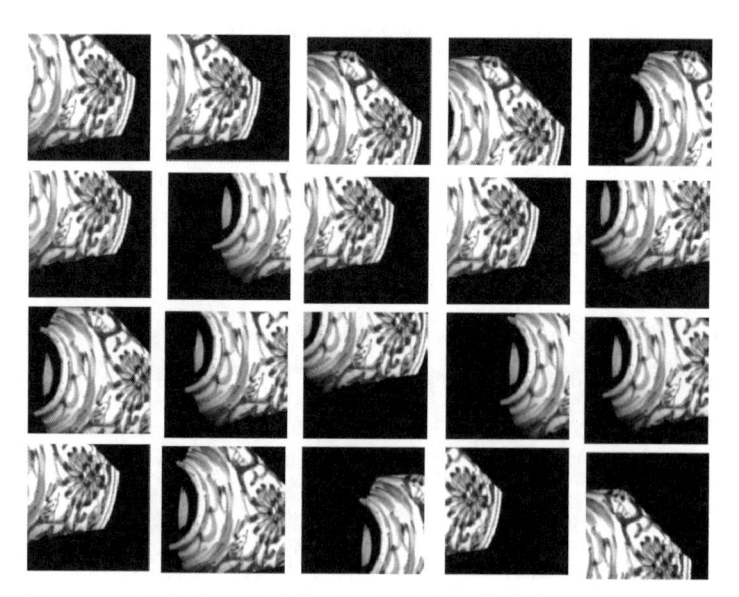

图 5.7　明嘉靖青花瓷成像光谱数据空间维成像部分样本展示

5 基于成像光谱仪的景德镇青花瓷鉴别分类

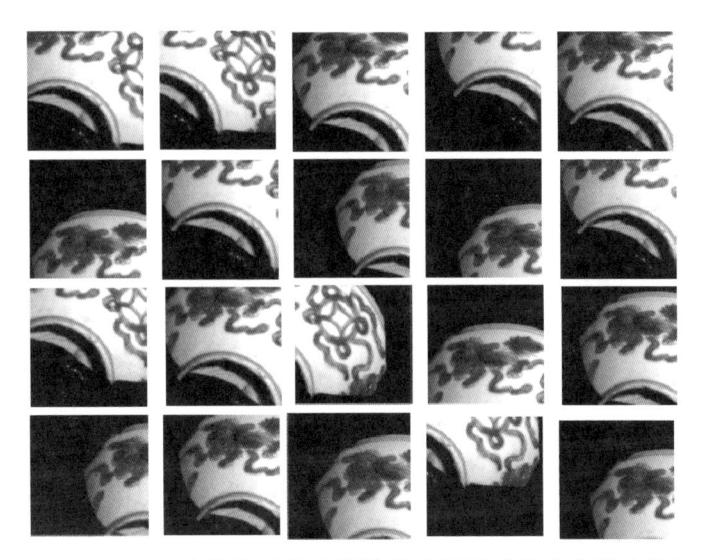

图 5.8 明万历青花瓷成像光谱数据空间维成像部分样本展示

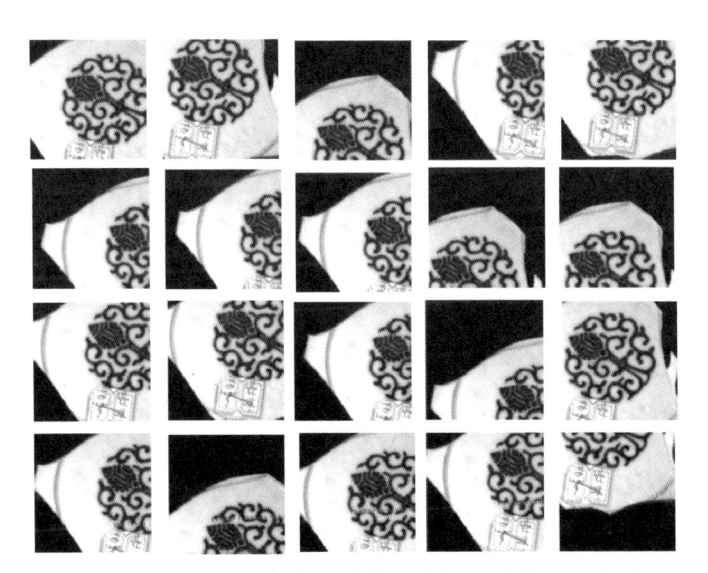

图 5.9 清康熙青花瓷成像光谱数据空间维成像部分样本展示

5.2.3　基于空间维的景德镇青花瓷年代分类结果分析

利用成像光谱数据的空间维构建图像数据，得到明嘉靖、明万历、明成化、清康熙四个时期的 640 个验证样本。

因为在第三章使用 VGG16 网络模型和 ResNet50 网络模型对不同年代景德镇真彩色图像数据进行分类的差别不大，所以本章使用 VGG16 网络模型和 ResNet50 网络模型两个模型进行验证，验证得到结果如图 5.10、图 5.11 所示。

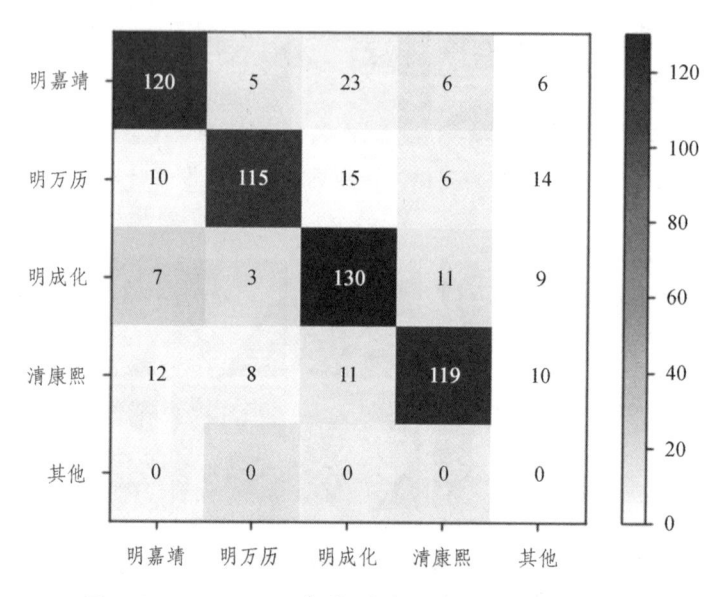

图 5.10　VGG16 网络模型对测试集分类混淆矩阵

从图 5.10 中可以看出，使用 VGG16 网络模型对经过成像光谱数据空间维构建的不同年代景德镇青花瓷测试集图像进行分类，在选取的 640 个测试样本集中，被正确分类的样本个数为 484 个，明嘉靖的测试样本总计 160 个，其中有 120 个被正确分类；明万历的测试样本总计 160 个，其中有 115 个被正确分类；明成化的测试样本总计 160 个，其中有 130

5 基于成像光谱仪的景德镇青花瓷鉴别分类

个被正确分类；清康熙的测试样本总计 160 个，其中有 119 个被正确分类。最终总体分类精度为 75.63%。

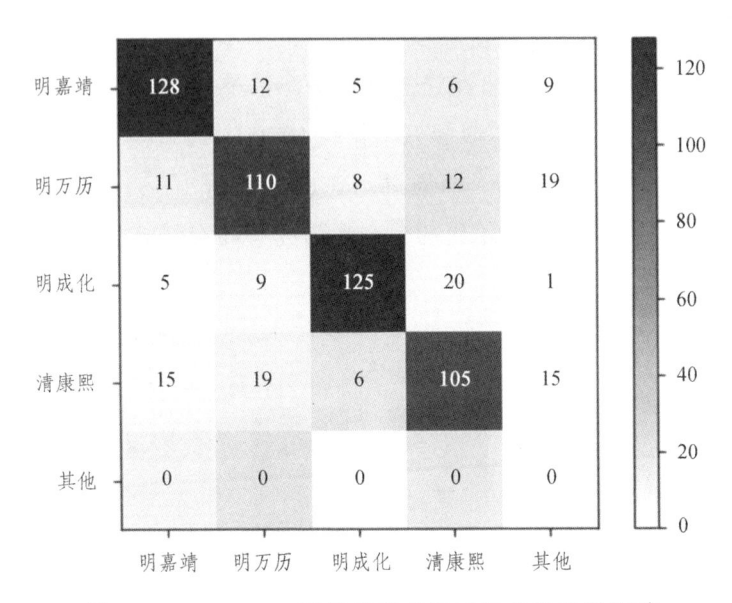

	明嘉靖	明万历	明成化	清康熙	其他
明嘉靖	128	12	5	6	9
明万历	11	110	8	12	19
明成化	5	9	125	20	1
清康熙	15	19	6	105	15
其他	0	0	0	0	0

图 5.11 ResNet50 网络模型对测试集分类混淆矩阵

从图 5.11 中可以看出，使用 ResNet50 网络模型对经过成像光谱数据空间维构建的不同年代景德镇青花瓷测试集图像进行分类，在选取的 640 个测试样本集中，被正确分类的样本个数为 468 个，明嘉靖的测试样本总计 160 个，其中有 128 个被正确分类；明万历的测试样本总计 160 个，其中有 110 个被正确分类；明成化的测试样本总计 160 个，其中有 125 个被正确分类；清康熙的测试样本总计 160 个，其中有 105 个被正确分类。最终总体分类精度为 73.13%。

通过图 5.12 四个年代景德镇青花瓷测试集图像数量与用户精度的关系，图 5.13 不同年代景德镇青花瓷测试集图像数量与生产者精度的关系可以看出，VGG16 网络模型在对明万历的测试样本进行分类时，生产者精度为 87.79%，是所有测试样本中精度最高的一组。使用 ResNet50 网络模型进行分类时，明成化测试样本的用户精度为 78.13%，生产者精度达到 86.81%，该年代在进行分类时的生产者精度和用户精度相对会高出其他年代，说明 ResNet50 网络模型对明宣德的测试样本分类效果最好。同时，由于四个年代景德镇青花瓷测试集图像数量相同，通过图 5.12 可以看出在明万历、明成化、清康熙三个年代 VGG16 网络模型的用户精度普遍高于 ResNet50 网络模型，而通过图 5.13 可以看出 VGG16 网络模型与 ResNet50 网络模型在四个年代的生产者精度有高有低。

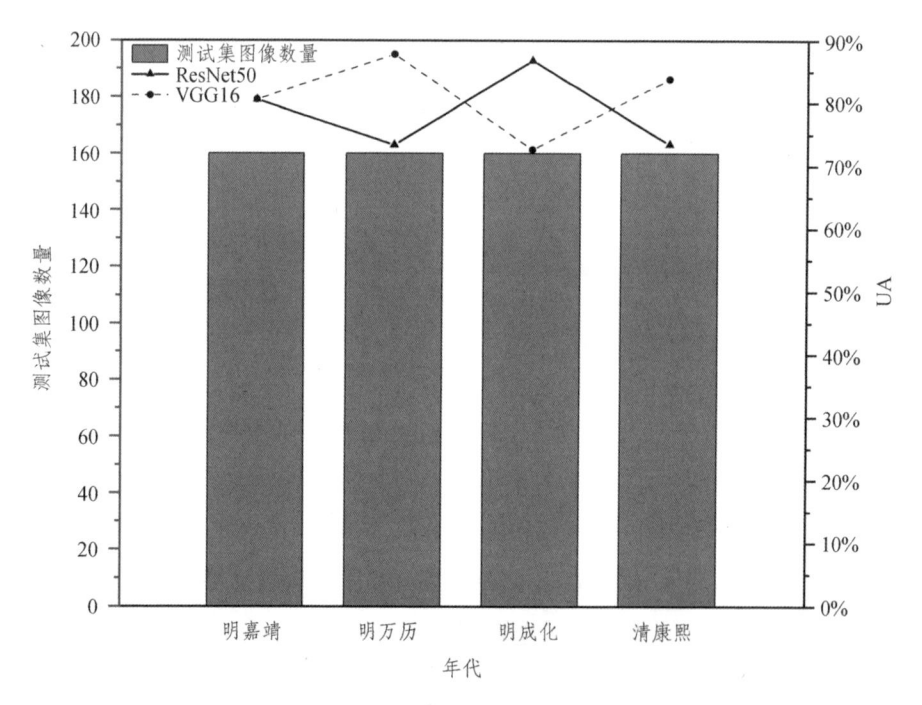

图 5.12 四个年代景德镇青花瓷测试集图像数量与用户精度关系

5 基于成像光谱仪的景德镇青花瓷鉴别分类

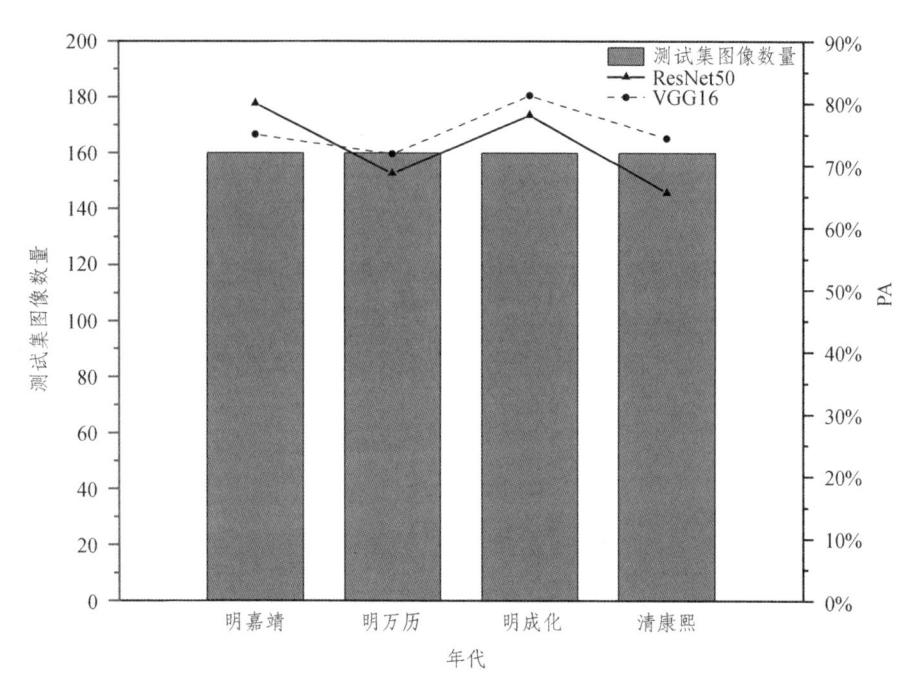

图 5.13 四个年代景德镇青花瓷测试集图像数量与生产者精度关系

图 5.14 为 VGG16 和 ResNet50 网络模型对成像光谱数据的空间维构建的不同年代景德镇青花瓷测试集图像进行分类后得到的 F1-score，通过图 5.14 我们可以得到在对明嘉靖、明成化时期的测试集图像进行分类时，ResNet50 网络模型要优于 VGG16 网络模型，在对明万历、清康熙时期的测试集图像进行分类时，VGG16 网络模型要优于 ResNet50 网络模型，同时，VGG16 网络模型和 ResNet50 网络模型的 F1-score 最小分别为 76.70%和 69.31%。VGG16 网络模型和 ResNet50 网络模型的总体分类精度分别为 75.63%和 73.13%。证明了利用 VGG16 网络模型和 ResNet50 网络模型对经过成像光谱数据的空间维构建的不同年代景德镇青花瓷进行分类同样是可行的。

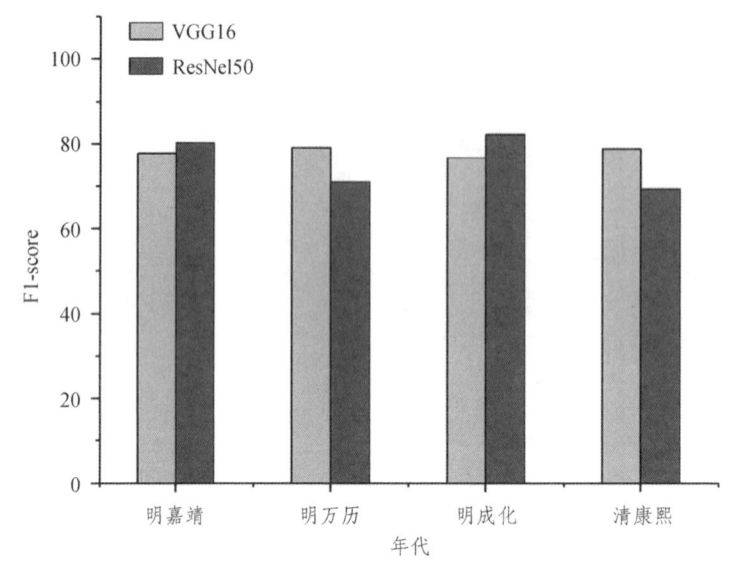

图 5.14　VGG16 和 ResNet50 网络模型分类精度对比（F1-score）

5.3　基于光谱维的景德镇青花瓷年代分类

选用第 4 章针对不同年代景德镇青花瓷像素点光谱建立的分类模型，利用成像光谱数据的光谱空间进行本节的研究。

5.3.1　成像光谱数据光谱维

高光谱图像的光谱维度是指该图像中包含的多个波长范围内的光谱信息，也称为光谱分辨率。在高光谱图像中，每个像素都包含了一系列的光谱数据，每个光谱数据对应着一个波长范围内的反射率或辐射率。光谱维度提供了关于物体在不同波长下反射和辐射特性的信息，对于物体的识别和分类等任务非常重要。高光谱图像的光谱维度通常包括两个方面，即波长范围和光谱分辨率。波长范围指的是图像中所包含的光谱范围，通常涵盖可见光、近红外、中红外等不同波段，可以根据具体应用需求选择相应的波长范围。光谱分辨率是指传感器在接受目标辐射的波谱时能分

辨的最小波长间隔。间隔越小，分辨率越高。光谱分辨率越高，意味着在同一波长范围内对物体的反射和辐射特性进行更加详细的分析和描述。

在高光谱图像中，光谱维度的重要性主要体现在以下几个方面。首先，光谱维度提供了物体在不同波长下的反射和辐射特性的信息，这对于物体的识别和分类等任务非常重要。其次，光谱维度可以用于物体的分类和识别。通过比较不同物体在不同波段下的反射和辐射特性，可以区分不同物体的种类和特征。此外，光谱维度还可以用于物体的表征和分析，最后，光谱维度可以与空间维度结合使用，以提高对物体的识别和分类的准确性。

5.3.2 数据处理流程

使用 SOC 710vp 提供的 SOC SRAnal710 软件对目标样本的光谱反射量进行光谱标定、空间光谱辐射标定和反射率转换，得到目标样本反射率。本书采用 Savizkg-Golag 平滑算法对获取的高光谱影像进行平滑处理，Savizkg 等人在 1964 年首次发现 Savizkg-Golag 平滑算法，这是一种可以有效地消除散射影响的方法，基于最小二乘原理，可以让数据图像变得更加平滑，使用 Savizkg-Golag 平滑算法的优势在于滤除噪声的同时保证光谱信号的形状和宽度保持不变。选取 5*5 的窗口大小对目标样本进行平滑处理，通过平滑去噪可以去除掉因光照等其他条件以及仪器自身性能引起的噪声。

基于所获取的高光谱影像为面状数据，为保证选取的实验数据更加具有代表性，在青花料部分进行均匀采样并计算平均值，以得到平均光谱发射率。首先在获取的每一张高光谱影像数据上选择出青花料区域，在不同的青花料区域均匀抽取 50 个样本，每个样本包含 8 个像元；然后计算得到样本平均光谱曲线，明嘉靖、明万历、明成化和清康熙各得到 50 条平均光谱曲线，将获取的平均值作为不同时期青花料的真实光谱反射率进行处理和分析。

青花瓷文物高光谱遥感
鉴别方法及其应用

图 5.15 是青花瓷的像素点光谱和成像光谱的反射率曲线，图（a）是青花瓷像素点光谱的反射率曲线，图（b）是青花瓷成像光谱的反射率曲线。通过图 5.15（a，b）可以看出，因为选取的不是同一个青花瓷碎片，所以像素点光谱和成像光谱反射率有不同的峰值，同时，取得峰值的中心波长位置也不同。但是，青花瓷的像素点光谱和成像光谱的反射率曲线轮廓大致相同，都是在可见近红外波段有显著特征，有蓝峰、绿峰、近红外峰三个反射峰，并在其之前形成两个吸收谷。

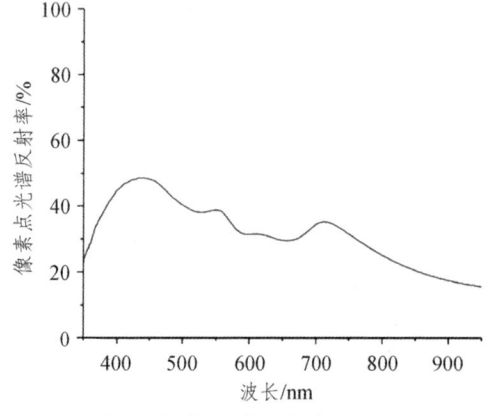

（a）成像光谱反射率曲线

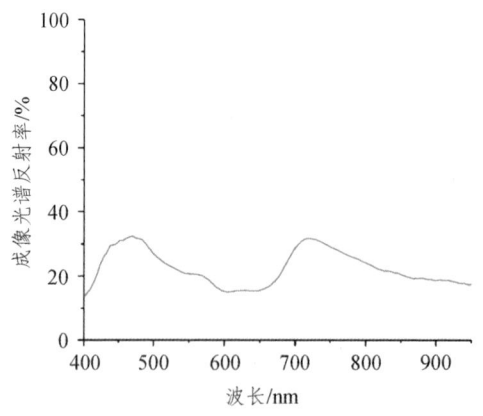

（b）像素点反射率曲线

图 5.15 青花瓷光谱反射率曲线

5.3.3 基于光谱维的景德镇青花瓷年代分类结果分析

通过对不同年代景德镇青花瓷成像光谱数据的预处理,得到明嘉靖、明万历、明成化、清康熙四个时期的 640 个验证样本。因为在第四章已经验证对不同年代景德镇青花瓷光谱数据进行分类时,使用逐步判别分析结合长短时记忆人工神经网络算法进行分类时取得的效果最好,所以本章节在基于成像光谱的光谱维下进行不同年代景德镇青花瓷分类研究时,选择使用逐步判别分析结合长短时记忆人工神经网络算法进行分类时,优选特征和第四章选择一致,同时长短期记忆(LSTM)人工神经网络学习率为 0.001,batch_size 为 2,优化器选择为 Adam,损失函数为交叉熵损失函数,得到分类结果如图 5.16 所示。

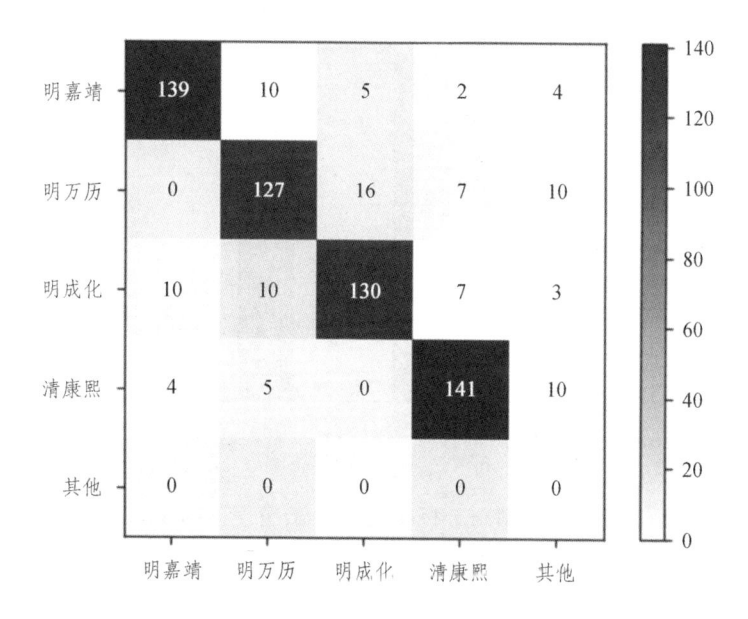

图 5.16 逐步判别分析-LSTM 分类混淆矩阵

从图 5.16 中可以看出,使用逐步判别分析结合长短时记忆人工神经网络算法对经过成像光谱数据光谱维构建的不同年代景德镇青花瓷测试集图像进行分类,在选取的 640 个测试样本集中,被正确分类的样本个数为 537 个,明嘉靖的测试样本总计 160 个,其中有 139 个被正确分类;明万历的测试样本总计 160 个,其中有 127 个被正确分类;明成化的测试样本总计 160 个,其中有 130 个被正确分类;清康熙的测试样本总计 160 个,其中有 141 个被正确分类。最终总体分类精度为 83.91%。根据图 5.17 可以看出,分类模型在明万历时取得 F1-score 值最小,最小值为 81.41%,综合以上结果表明使用逐步判别分析结合长短时记忆人工神经网络算法对经过成像光谱数据的光谱维构建的不同年代景德镇青花瓷进行分类同样是可行。

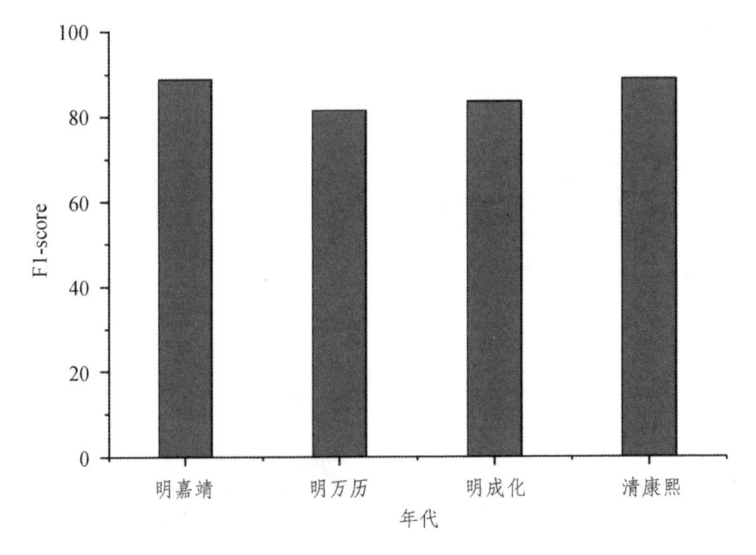

图 5.17 逐步判别分析-LSTM 分类精度(F1-score)

5.4 基于空谱联合的景德镇青花瓷年代分类

单独利用成像光谱数据的空间维或者光谱维可能存在着大量不确定性信息,是不完善、不准确的(王力,2015),比如说,空间维信息包含

5　基于成像光谱仪的景德镇青花瓷鉴别分类

青花瓷的纹饰、绘画技法等优点，但是不能利用光谱信息，并且光照也会对图像产生影响，因此只使用空间维信息可能得到的结果不准确，同理光谱信息也有自己的局限性。因此单独利用成像光谱数据的空间维或者光谱维对不同年代景德镇青花瓷进行分类，不能确保分类结果的准确性，也不能充分利用成像光谱数据的优点。本节使用 DS 证据理论（王耀南等，2001）融合，将成像光谱数据的空间维和光谱维数据充分融合，生成一组待测样本的判别概率，从而完善单独利用成像光谱数据的空间维或者光谱维对不同年代景德镇青花瓷进行分类过程。DS 证据理论融合信息过程如图 5.18 所示。

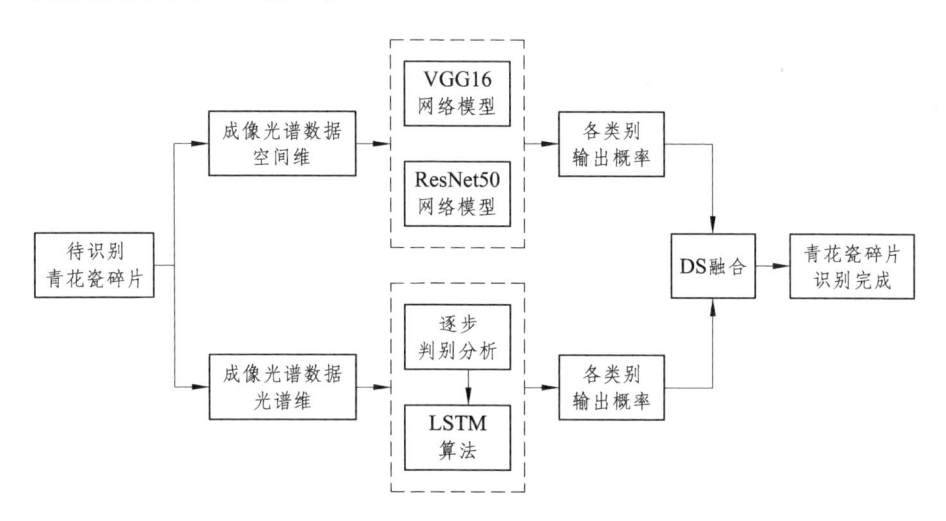

图 5.18　DS 证据理论融合信息过程

DS 证据理论信息融合建立在一个非空集合 θ 上的理论，集合 θ 称为假设空间，集合 θ 中的所有元素之间满足相互独立，对于任意命题 X，都应属于 2^{θ}，在 2^{θ} 上定义基本置信分配 n：2^{θ} 属于[0, 1]，n 满足：

$$n(\Phi)=0, \sum_{X \subset \theta} n(X) = 1 \qquad (5.1)$$

式中　$n(X)$——证据支持命题 X 发生的程度。

对于 k 个证据相对应的基本置信分配为 $n_1, n_2, n_3, \cdots, n_k$，证据理论合成公式如下：

$$\begin{cases} n(\Phi) = 0 \\ n(X) = \dfrac{1}{1-K} \sum_{\cap X_i = X} \prod_{j=1}^{k} n_j(X_i) \\ \forall X \subset \theta, X \neq \Phi \end{cases} \quad (5.2)$$

式中 $\sum_{\cap X_i = X} \prod_{j=1}^{k} n_j(X_i)$ ——证据之间的冲突；$1-K$——归一化系数。

使用 DS 证据理论融合前期基于空间维和基于光谱维对不同年代景德镇青花瓷进行分类的结果，即一是融合 VGG16 网络模型和逐步判别分析结合 LSTM 算法两者的分类信息，二是融合 ResNet50 网络模型和逐步判别分析结合 LSTM 算法两者的分类信息。融合之后分类结果如图 5.19 所示。

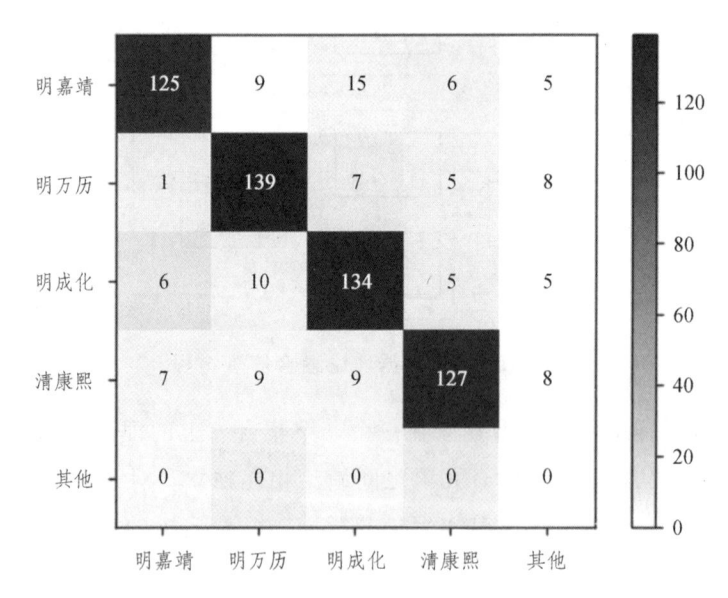

	明嘉靖	明万历	明成化	清康熙	其他
明嘉靖	125	9	15	6	5
明万历	1	139	7	5	8
明成化	6	10	134	5	5
清康熙	7	9	9	127	8
其他	0	0	0	0	0

（a）融合 VGG16 网络模型和逐步判别分析结合 LSTM 算法

5 基于成像光谱仪的景德镇青花瓷鉴别分类

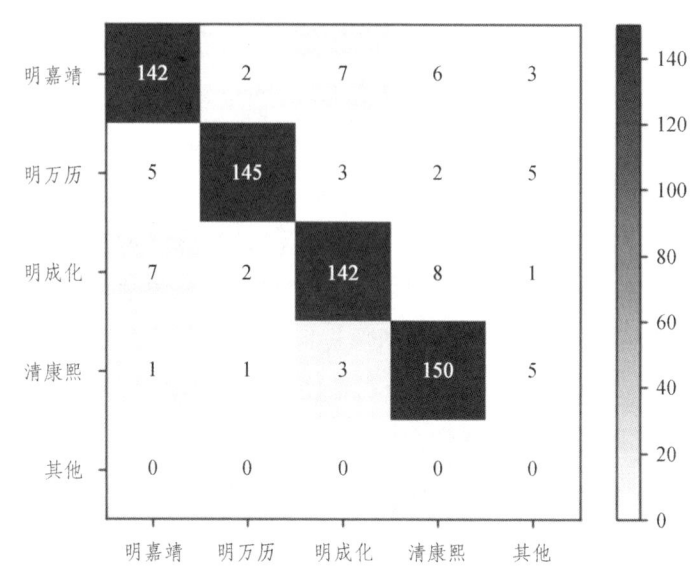

（b）融合 ResNet50 网络模型和逐步判别分析结合 LSTM 算法

图 5.19 经 DS 证据理论融合信息后的分类混淆矩阵

从图 5.19（a）可以看出，使用融合 VGG16 网络模型和逐步判别分析结合 LSTM 算法两者的分类信息对成像光谱数据不同年代景德镇青花瓷测试集图像进行分类，在选取的 640 个测试样本集中，被正确分类的样本个数为 525 个，明嘉靖的测试样本总计 160 个，其中有 125 个被正确分类；明万历的测试样本总计 160 个，其中有 139 个被正确分类；明成化的测试样本总计 160 个，其中有 134 个被正确分类；清康熙的测试样本总计 160 个，其中有 127 个被正确分类。最终总体分类精度为 82.03%。从图 5.19（b）可以看出，使用融合 ResNet50 网络模型和逐步判别分析结合 LSTM 算法两者的分类信息对成像光谱数据不同年代景德镇青花瓷测试集图像进行分类，在选取的 640 个测试样本集中，被正确分类的样本个数为 579 个，明嘉靖的测试样本总计 160 个，其中有 142 个被正确分类；明万历的测试样本总计 160 个，其中有 145 个被正确分类；明成化的测试样本总计 160 个，其中有 142 个被正确分类；清康熙的测试样

青花瓷文物高光谱遥感
鉴别方法及其应用

本总计 160 个，其中有 150 个被正确分类。最终总体分类精度为 90.47%。

从图 5.20 中可以看出，两种方法的 F1-score 均超过 80%，两种方法中的 F1-score 最小值为 82.46%，其中在每个年代的分类中融合 ResNet50 网络模型和逐步判别分析结合 LSTM 算法 F1-score 均大于融合 VGG16 网络模型和逐步判别分析结合 LSTM 算法 F1-score，说明使用融合 ResNet50 网络模型和逐步判别分析结合 LSTM 算法更适合对成像光谱数据不同年代景德镇青花瓷测试集图像进行分类。

表 5.1 为 5 种不同方法总体分类精度，可以看出，在对成像光谱数据进行景德镇青花瓷年代分类时，在空间维使用 ResNet50 网络模型效果分类最差，总体分类精度为 73.13%，经 DS 证据理论融合 ResNet50 网络模型和逐步判别分析结合 LSTM 算法的方式对成像光谱数据进行景德镇青花瓷年代分类时，分类效果最好，总体分类精度达到 90.47%

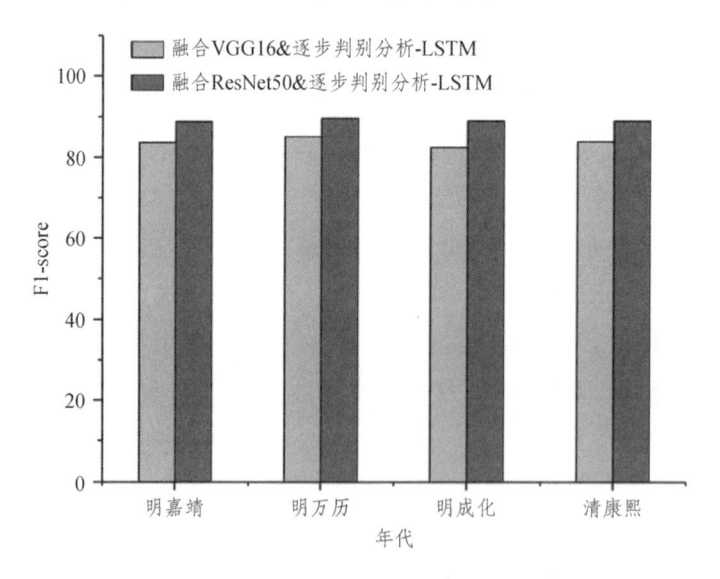

图 5.20　经 DS 证据理论融合信息后的分类精度（F1-score）

5 基于成像光谱仪的景德镇青花瓷鉴别分类

表 5.1 不同方法总体分类精度比较

方法	总体分类精度
VGG16	75.63%
ResNet50	73.13%
逐步判别分析-LSTM	83.91%
VGG16-逐步判别分析-LSTM	82.03%
ResNet50-逐步判别分析-LSTM	90.47%

图 5.21 为 5 种方法多次实验 PA、UA 和 F1-score 的均值比较，并且添加误差棒。从图中可以看出 PA、UA 和 F1-score 从高到低一次排序为 ResNet50&逐步判别分析-LSTM、逐步判别分析-LSTM、VGG16&逐步判别分析-LSTM、VGG16 网络模型、ResNet50 网络模型。相比于逐步判别分析-LSTM 算法，融合了 ResNet50 网络模型的逐步判别分析-LSTM 算法

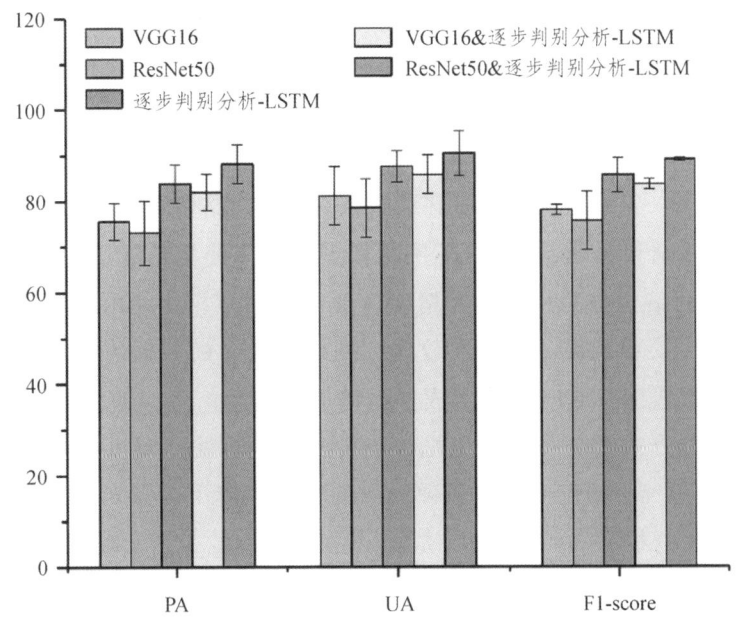

图 5.21 不同方法多分类评价指标精度比较

在 PA、UA 和 F1-score 分别提高了 5.03%、3.3%和 4%；同时从图中可以看出融合了 ResNet50 网络模型的逐步判别分析-LSTM 算法的 F1-score 离散程度更小，相比于其他方法更稳定。由此我们可以得出，在对成像光谱数据的景德镇青花瓷进行年代分类实验时，使用融合 ResNet50 网络模型的逐步判别分析-LSTM 算法是最好的方式。

成像光谱的数据比单独的图像数据或者是非成像光谱数据都更有利于进行不同年代景德镇青花瓷的年代分类研究。因为成像光谱"图谱合一"的优势，利用成像光谱数据的空间维相比使用网络爬虫获取的不同年代景德镇青花瓷真彩色图像数据，在前期数据准备上减少了时间；利用成像光谱数据的光谱维相比使用非成像光谱的数据，在数据量上有大的提升，解决了小样本问题。

5.5 小 结

本章利用成像光谱数据结合第 3 章、第 4 章建立的不同年代景德镇青花瓷分类模型对景德镇青花瓷的年代分类进行了研究，首先通过使用 SOC 获取不同年代景德镇青花瓷碎片的成像光谱数据，利用成像光谱的空间维信息，分别输入第 3 章搭建的 VGG16 网络模型和 ResNet50 网络模型，实验结果显示，VGG16 网络模型的总体分类精度达到 75.63%，ResNet50 网络模型的总体分类精度达到 73.13%。相比使用网络爬虫获取的不同年代景德镇青花瓷图像数据，利用成像光谱数据的空间维信息减少了前期数据准备时间。利用成像光谱的光谱维信息，输入第 4 章优选的逐步判别分析结合长短时记忆人工神经网络算法，测试集总体分类精度达到 83.91%。相比使用非成像光谱的数据，使用成像光谱的数据在数据量上有大的提升。

使用 DS 证据理论融合成像光谱数据的空间维和光谱维信息，即一是融合 VGG16 网络模型和逐步判别分析结合 LSTM 算法两者的分类信息，

5 基于成像光谱仪的景德镇青花瓷鉴别分类

二是融合ResNet50网络模型和逐步判别分析结合LSTM算法两者的分类信息，两者的总体分类精度分别为82.03%和90.47%。因此，在对成像光谱数据的景德镇青花瓷进行年代分类实验时，使用融合ResNet50网络模型的逐步判别分析-LSTM算法是精度最高的方式。

6 青花瓷鉴别的实践与应用

6.1 遥感青花-古玩助手

6.1.1 遥感青花-古玩助手简介

遥感青花-古玩助手的目标用户是青花瓷的收藏家、相关青花瓷研究学者和一些普通文物爱好者。基于文物修复的发展趋势，利用新型算法创新青花瓷的鉴定识别方法，实现对青花瓷的最大保护，同时实现对青花瓷更为快捷、精确的鉴定识别，在文物保护上有更为广阔的前景。此软件的特点在于根据高光谱扫描仪成像仪和文物高光谱图像检测手机软件，系统软件可以获得高清分辨率的可见光-近红外光和短波红外光谱区间光谱与图像一体数据信息，根据对不一样化学物质光谱曲线剖析，文物中常用的青瓷钴料、矿物组成，在胎釉里的分布特征、应用浓度值，及其写作手法；是不是进行了修改、修复等信息，一目了然。通过研发的便携式高光谱扫描仪结合微信小程序和手机 App 更是可以提高识别精度。小程序功能主要有根据朝代查找青花瓷、通过拍照识别青花瓷以及查询某年代青花瓷的具体信息。

如图 6.1 是小程序的首页，也是用户进入小程序后的界面。小程序会轮播一些有代表性的青花瓷，供用户查看。用户可以在这个页面调用手机相册，通过训练好的模型评估相册中青花瓷的年代。

图 6.1 遥感青花-古玩助手首页界面

当在搜索框中输入朝代信息的时候，程序会返回给客户一些有代表性的青花瓷，供用户参考，如图 6.2 所示。用户也可以根据青花瓷种类，查询特定类型的瓷器，并比较不同朝代的瓷器区别。

6 青花瓷鉴别的实践与应用

图 6.2 遥感青花-古玩助手搜索框界面

用户可通过拍照/上传图片的方式来得到所搜索的青花瓷朝代信息，也可通过查看相关文献信息来了解该青花瓷的信息，如图 6.3 所示。

图 6.3　遥感青花-古玩助手拍照上传界面

如果用户想查询某个朝代的青花瓷具体类型，可以点击详情，进入具体介绍的页面，如图 6.4 所示。该界面会呈现给用户有代表性的图片和文字详细介绍。

6 青花瓷鉴别的实践与应用

图 6.4 遥感青花-古玩助手对瓷器详细介绍界面

6.1.2 遥感青花-古玩助手技术

青花瓷，常通称青花，是中国陶器的主要种类之一，属釉上彩瓷。来源于中国，遍行全球，该种类清爽轻快，朴素大气，不但是中国使用最广泛的陶器，还被称作中华文化审美观的代表。近年来随着老百姓物质生活的不断提升，越来越多的人对于古的遗物很感兴趣，文物古玩艺

青花瓷文物高光谱遥感
鉴别方法及其应用

术品的个人收藏活动愈见普及化，在其中古瓷器占据非常高的比例。景德镇是极具代表性的制陶古镇之一，在极大商业利益的驱使下，景德镇陶器销售市场作假和走私货的情况很严重，不仅影响了行业市场，还使我国很多宝贵文物外流国外，导致极大损失。对青花瓷的时代辨别也可以应用到文物保护层面。文物是在一定的历史阶段内社会发展的产物，其制造和发展凸显出科技进步及当时人们物质生活的改变，根据文物可以复原历史的真相，为史学理论给出数据材料及其根据。一般分析青花瓷年代所用的方式为传统化学仪器分析方法，会对青花瓷文物造成不可逆损伤；而青花瓷研究样本较为稀缺珍贵，常用方法对青花瓷有损伤。高光谱在青花瓷年代分类中具有"无损、快速便捷"的潜力。因此，如何建立和完善一套科学、准确、有效的年代判别方法成为社会关注的热点。因此，对历代青花瓷断代的研究，具有较高的学术价值和社会经济价值。

遥感青花-古玩助手在图像数据获取方面通过调查最终决定挑选故宫博物院所提供的瓷器收藏品，与此同时为了尽快大批量获得每个年代青花瓷图像，应用网络爬虫技术从故宫博物院官方网站大批量获得每个年代青花瓷图像，大体上应用网络爬虫技术掌握到明清时代24个年代青花瓷图像。基于真彩色图像数据的景德镇青花瓷分类模型建立，以不同年代景德镇青花瓷的纹饰、款识和造型等作为图像特征标签，使用迁移学习的方法，对构建的不同年代景德镇青花瓷图像数据集进行训练，建立分类模型。基于地物光谱仪的景德镇青花瓷分类模型建立，使用便携式地物光谱仪，对不同年代景德镇青花瓷进行光谱采集，使用波段选择和特征提取方法，对高光谱数据进行数据挖掘，将优选出来的特征分别结合 RF 和 LSTM 对不同年代景德镇青花瓷进行分类，选出分类最优模型。基于成像光谱数据的景德镇青花瓷分类模型建立，对获得的成像光谱进行预处理，对成像光谱进行光谱降维，获得青花瓷图像，同时对成像光谱进行感兴趣区域选择，对感兴趣区域进行光谱均值计算，获得光

6 青花瓷鉴别的实践与应用

谱反射率均值,利用获得的不同年代青花瓷空间维和光谱维信息,分别输入前期建立的分类模型,单独使用成像光谱的空间维或者是光谱维对景德镇青花瓷进行年代分类,然后融合成像光谱的空谱信息对不同年代景德镇青花瓷进行分类,优选出适合对不同年代景德镇青花瓷成像光谱进行分类研究的模型。

遥感青花-古玩助手整个技术流程的关键在于对收集到的图像数据进行预处理。重点在于图像裁剪,将图像开展总体裁剪,事实上类似图像放大,并没确实裁剪掉图像的重要信息。为了能更具体地描写青花瓷装置的特点,同时获得数据扩大的效果,展开了图像的部分裁剪,得到每一张图像的一些部分地区,作为键入开展青花瓷器的种类。因为读取数据量还不够,而数据增强能有效提升分类器、降低互联网的过拟合现象,根据对练习图像开展转换可以获得泛化能力更强大的互联网,更加好地融入应用场景,因而选用数据增强来扩大数据。使用的具体方法包括随机角度翻转、添加随机噪声、增加亮度和对比度,同时通过数据增强的方法还能够缓解过拟合问题。

在对获取的数据进行预处理后,使用了 VGG16 模型和 AlexNet、DenseNet、ResNet 等模型对数据进行了卷积神经网络模型的构建并对其进行了分类精度对比。由于不同年代青花瓷的差异主要体现在青花瓷胎釉和青花料的差别,仅靠目视辨别难度较大。因此,基于地面光谱仪获取不同年代景德镇青花瓷胎釉及青花料的反射率光谱,提取青花瓷典型光谱特征和光谱特征参量,进行了光谱分析。将所有测得的数据分为两组,一组用来建立光谱库,另一组用来验证,进行光谱匹配。

技术路线如图 6.5 所示。

青花瓷文物高光谱遥感
鉴别方法及其应用

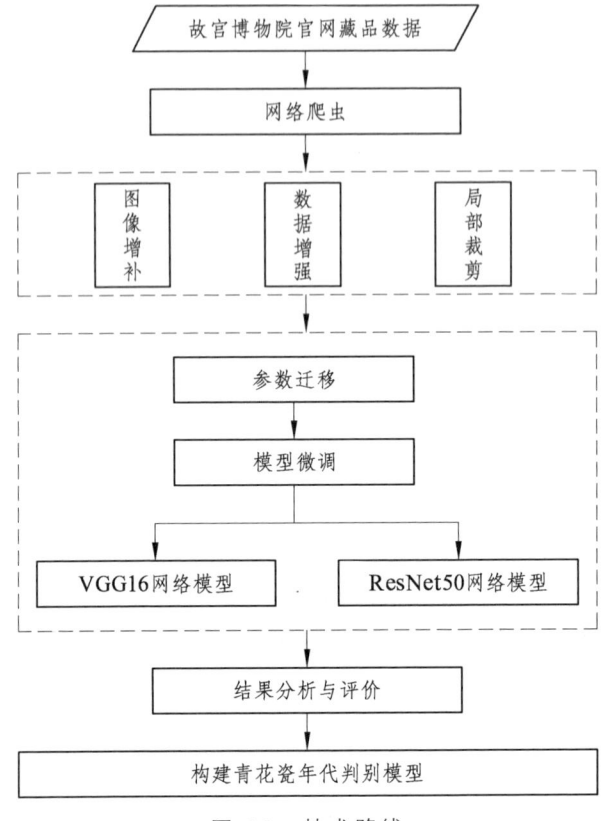

图 6.5 技术路线

6.1.3 遥感青花-古玩助手开发意义

随着全面小康社会的到来，我国国民物质需求早已得到满足，并且很多人都有足够的能力去追求精神层面的满足。近年来，建设社会主义文化强国的号召也不断被响应，基于此，国家正在加大力度保护我国的文化遗产，也有很多青花瓷研究者、收藏家在潜心研究青花瓷文化、保护青花瓷器。然而，也因为技术的日渐发达，给一些不法分子提供了造假的条件，在巨大利益的驱动下，青花瓷瓷器市场造假和走私现象非常严重，造成我国许多珍贵文物流失。因此，如何建立一套科学、便携、好用的青花瓷年代判别方法体系，来杜绝这些现象，对青花瓷准确判别年代并能合理给出估值，是社会关注的一个焦点。

有相关学者对青花瓷年代判别方法做了研究，但都未研发出比较成型的青花瓷年代鉴别的 App、小程序和便携式高光谱成像扫描仪。现有的青花瓷鉴别方法，一般都是请相关专业人员通过传统的"六看一听"方法来判别，这样不仅需要耗费大量财力，并且鉴别的准确度也难以得到保证。因此，如果我们能在研究青花瓷年代判别方法的基础上进一步研发，结合高光谱扫描数据，推出一款实用、能快速鉴别的小程序，加以宣传，一定能在国内外打开市场，满足国内外相关研究者、收藏家的需求。同时，也能为国家文化事业的推进做出一点贡献。

目前数字化博物馆、数字化文物瓷器展馆正渐渐发展为人们了解文化、探索瓷器奥秘的新途径。青花瓷的鉴别不仅是重中之重，对青花瓷背后所蕴含的文化宣传亦极其重要。青花瓷鉴别方式与技术随着时代发展，已有了长足进步。在结合了深度学习等技术后，青花瓷鉴别将变得更加稳定、精准、还原程度更高，对保护我国现有的青花瓷以及青花瓷文化具有重大作用。与之相伴的数字化青花瓷建档亦是人们了解青花瓷文化的重要途径，随着技术的不断发展，传统青花瓷的保护必将达到一个新的高度。

微信小程序开发是一种基于微信平台运行的移动终端应用开发模式，开发所形成的微信小程序根据微信场景可实现 PC 端和移动端应用结合。根据腾讯发布的年度调查显示，目前微信应用已覆盖 90%以上的智能手机，且微信小程序开发具备稳定的框架和组件，开发过程模式固定，开发工作难度较低，应用不受手机系统的限制，可跨平台运行在 Android 系统和 IOS 系统中。小程序是一种轻量级应用程序，用户无需下载即可使用。基于深度学习算法模型研发微信小程序可以初步判别青花瓷器的年代，达到快速、便捷判别青花瓷年代的目的。一些出土的文物中会出现难以准确区分朝代的青花瓷，快速准确地进行类型识别显得尤为重要。

将此技术应用到青花瓷断代研究中是一个比较新颖的方法，能有效摒弃其他传统方法的缺点。

我们的主要目标客户是青花瓷的收藏家、相关青花瓷研究学者和一些普通文物爱好者。青花瓷凭借其在陶瓷器中占有的重要地位，享誉海外。并且随着国风文化的兴起、复古潮流的涌进，越来越多的人参与到文化领域来。青花瓷的研究者越来越多，收藏家越来越积极投身于青花瓷的鉴赏。然而，造假技术的高超导致造假现象泛滥，许多人很容易被蒙蔽双眼而上当受骗。所以，站在青花瓷购买者的角度来看，他们的一个痛点问题是，如何能够以合理的价格、花费最少的人力和物力来购买到真的青花瓷器；站在一些研究者和收藏家的角度，他们最需要的是能快速、准确识别青花瓷器的真伪并得到相关年代信息等，以便能快速开展研究，确保后续研究的准确性。因此，我们现在迫切需要这样一种便携、快速、精准的小程序来满足大众的需求。首先，由于是以小程序的形式来使用，带来了很大的便利；其次，我们的小程序能根据用户拍照识别来提供青花瓷的年代等信息，并对其作出合理的估价参考。这能够在很大程度上解决用户的上述问题。同时，国家强烈打击造假走私、强调保护文物的相关政策能够证明我们的研究在一定程度上满足了国家的需求。除此之外，现在还未出现一款成型的 App 或小程序供使用，如果我们能设计出这样满足需求的小程序，并将其完善加以其他文物鉴别功能，例如中国传统绘画的鉴别，将会是一个新颖的发现，能够吸引许多用户。综上分析，产品的市场需求还是比较可观的。

6.1.4　创新之处及可行性

在数据获取方面，用爬虫方法从网上批量下载图像，而不是从青花瓷实物上取样，这对青花瓷器起到保护作用。爬虫程序适合于收集信息，那也是最直观和常用办法。最先，因为爬虫程序是一个程序流程，运作得特别快，而且也不会因为重复的事情而感到疲倦，因而应用爬虫程序获得海量数据越来越简单和迅速。例如能做到抓取青花瓷里的纹理做自然语言理解获得青花瓷的类型、特征和时代等信息供客户掌握应用。由于99%以上的网站是基于模板开发的,使用模板可以快速生成大量布局相同、内容不同的页面。因而,只需为一个网页页面开发爬虫程序,爬虫程序还可以对根据同一模板形成的差异网页页面开展抓取具体内容。次之,应用网络爬虫归纳梳理竖直市场需求关键词,开展数据对比分析、商业数据分析、运作投资建议,搞好市场营销方案。

在方法和技术方面,基于深度学习算法来进行青花瓷年代判别,比传统的方法效率高;并且结合高光谱技术对青花瓷进行断代研究,能大大提高判别精度;引用的高光谱技术具有无损、简便的特点,在文物保护领域得到广泛应用。深度学习在图像鉴别中的高速发展是大势所趋,将来有着极大的应用空间。从ImageNet练习所得到的图像特征能直接高效地运用到各种各样与图像有关的鉴别每日任务(比如图像归类、图像查找、物体检测和图像切分这些),和其他不同类型的图像测试集,具有较好的泛化性能。深度学习本质上是根据双层非线性变换,从宏观信息中自动学习特征,进而取代手工设计的特征。深层次的构造使之具有很强的语言表达能力和自学能力,尤其擅长获取繁杂的全局性特征和前后文信息,然而这是浅部实体模型很难做到的。一幅图像中,各种各样隐含的因素往往以繁杂的离散系统的形式联系在一起,而深度学习能使这种因素等级分类开,则在最大隐含层不一样神经细胞代表着不同类型的因素,从而使得归类更加轻松。

基于构建的算法模型研发了微信小程序进行青花瓷器年代判别,具有快捷方便的特点,容易推广普及。小程序是一种轻量级应用程序,用户无需下载即可使用。它们作为高效的应用程序,可能在未来取代许多APP,且它们有望在商业服务销售市场上持续推动创新。依托手机微信等App强大的搜索功能,根据小程序的关键词整合度,可以提高曝光度。

遥感青花-古玩助手的创建有广泛的应用前景。基于深度学习网络的成熟发展，其中卷积神经网络在图像分类方面应用较广；高光谱技术具有无损的特点；与大数据分析、云计算等技术的结合。而随着现代科技的进步，无损光谱技术由于其无损、快速、简便等特点，被越来越多的研究者引入文物保护领域，并且具有广阔的应用前景。基于卷积神经网络构建算法分类模型，并尝试结合高光谱信息来提升算法模型精度。传统的鉴定方法不仅要求鉴定者在青花瓷的鉴定上有丰富的经验，而且传统的化学仪器分析方法却对测试的样品内部结构有破坏。遥感青花-古玩助手利用在青花瓷分类研究中性能最佳的 VGG16 模型对青花瓷进行分类，分类精度达到 54% 左右，结合光谱信息分析，进行光谱匹配，整体匹配精度达到 89% 左右，利用该方法对青花瓷进行分类必然会使得青花瓷的鉴定更加准确。基于深度学习算法模型研发了微信小程序可以初步判别青花瓷器的年代，达到可以快速、便捷判别青花瓷年代的目的。一些出土的文物中会出现难以准确区分朝代的青花瓷，快速准确地进行类型识别显得尤为重要（赵恒谦等，2021）。将此技术应用到青花瓷断代研究中是一个比较新颖的方法，能有效摒弃其他传统方法的缺点。此外，本书研究的最终目的是服务于文物传承与保护，因此本书研究不仅具有学术价值，同时具有社会文化价值。

6.2 青花瓷鉴别案例分析——判别青花瓷年代

6.2.1 图像获取

同 3.1.1 节。

6.2.2 图像裁剪

同 3.1.2.2 小节。

6.2.2.1 整体裁剪

同 3.1.2.3 小节。

6.2.2.2 局部裁剪

同 3.1.2.3 小节。

6.2.3 数据增强

同 3.1.2.3 小节。

6.2.4 数据代码示例

网络爬虫部分代码：

```
def main():
    queue_dynastry = Queue()
    queue_image = Queue()
    files = os.listdir("result")
    if not os.path.exists("result_resize"):
        os.mkdir("./result_resize")
    for file in files:
        if not os.path.exists("result_resize/"+file):
            os.mkdir("result_resize/"+file)
        queue_dynastry.put(file)
    for i in range(3):
        producer = Producer(queue_dynastry, queue_image)
        producer.start()
    time.sleep(3)
    for i in range(7):
        consumer = Consumer(queue_dynastry, queue_image)
```

consumer.start()
```
if __name__ == '__main__':
    main()
    # 使用方法:
        1. 朝代代码放入 time.csv 下
        2. 首先运行爬取代码
        3. 然后 resize
```

数据增强代码示例:

```
import numpy as np
import cv2
import os
coding: 'utf-8'

def SaltAndPepper(src, percetage) :
    SP_NoiseImg = src.copy()
    SP_NoiseNum = int(percetage * src.shape[0] * src.shape[1])
    for i in range(SP_NoiseNum) :
        randR = np.random.randint(0, src.shape[0] - 1)
        randG = np.random.randint(0, src.shape[1] - 1)
        randB = np.random.randint(0, 3)
        if np.random.randint(0, 1) == 0:
            SP_NoiseImg[randR, randG, randB] = 0
        else:
            SP_NoiseImg[randR, randG, randB] = 255
    return SP_NoiseImg
```

局部裁剪代码部分示例:

```
class BatchRename() :
```

```python
    def __init__(self):
        self.path = r'E:/Pycharm/code/1/'  # 需更改文件地址，结尾需要有一定要有/

    def rename(self):
        i = 0
        filelist = os.listdir(self.path)  # 获取路径
        for item in filelist:  # 利用for循环将filelist值赋予item内，循环执行
            if item.endswith('.jpg') or item.endswith('.jpeg') or item.endswith('.png'):  # 用if检测文件来判断是否是图片
                src = self.path + item  # 定义原文件地址
                print(src)
                dst = r'E:/Pycharm/code/1_re/'+item.split('.')[0]+'.png'
                # 新文件保存地址
                img = cv_imread(src) # type(img) <class 'numpy.ndarray'
                newimage = convert_square_paste(img)
                new_size = newimage.resize((224, 224), Image.ANTIALIAS)  # 图片裁剪大小，手动进行更改
                b, g, r = new_size.split()
                new_size=Image.merge("RGB", (r, g, b))
                new_size.save(dst)   # 新图片的保存路径
                i += 1
if __name__ == '__main__':
    demo = BatchRename()
```

demo.rename()

青花瓷迁移学习分类部分代码示例:

```
loss_fn = nn.CrossEntropyLoss()#定义损失函数

# In[22] :

#optim = torch.optim.Adam(model.parameters(), lr=0.001)#定义优化器

# In[23] :

#训练函数
def fit(epoch, model, trainloader, testloader) :
    correct = 0
    total = 0
    running_loss = 0

    model.train()
    for x, y in trainloader:
        if torch.cuda.is_available() :
            x, y = x.to('cuda'), y.to('cuda')
        y_pred = model(x)
        loss = loss_fn(y_pred, y)
        optimizer.zero_grad()
        loss.backward()
        optimizer.step()
        with torch.no_grad() :
            y_pred = torch.argmax(y_pred, dim=1)
            correct += (y_pred == y).sum().item()
```

6　青花瓷鉴别的实践与应用

```
        total += y.size(0)
        running_loss += loss.item()

    epoch_loss = running_loss / len(trainloader.dataset)
    epoch_acc = correct / total
```

6.3　青花瓷鉴别一体化开发前景

以习近平同志为核心的党中央高度重视文物工作，习近平总书记关于文物工作的系列重要论述立意高远、内涵丰富，深刻回答了文化遗产保护、传承、利用的一系列重大问题，阐明了新时代文物工作的发展方向、主要任务，指明了文物事业改革发展的重点领域、关键环节，深化了我们党对新时代文物工作的规律性认识。全国文物工作会议深入贯彻落实习近平总书记关于文物工作的系列重要论述，提出要全面加强党对新时代文物工作的领导，坚持"保护第一、加强管理、挖掘价值、有效利用、让文物活起来"的新时代文物工作方针，充分体现了党中央对守护文化遗产、坚定文化自信、建设社会主义文化强国的深邃思考和战略擘画，为做好新时代文物工作指明了方向，提供了根本遵循。

青花瓷鉴别一体化在新时代文物工作方针的指引下，可以继续保持传统文化遗产保护优势，加强文化遗产多重价值研究，加强文化遗产活化利用探索，加快推进科创中心建设，为推动科技赋能文化遗产保护传承增添一份坚实的理论支撑。

在市场竞争方面，与其他已有的相关青花瓷年代判别方法相比，青花瓷鉴别一体化开发程序具有以下几点优势：

（1）从行业市场分析，由于在市场上没有一个成熟的关于青花瓷年代鉴定的 App 或小程序，市场竞争比较小。

（2）从产品本身分析，小程序方便、快捷、实用性强，加上高光谱

扫描数据，这又是青花瓷鉴别一体化开发程序的一大竞争优势，用户只需要用手机对需要鉴别的青花瓷拍照或从相册导入照片，就可以获得该青花瓷的光谱，小程序会把该光谱和我们建立的光谱库进行比较，得出关于所搜索的青花瓷相关信息，从而反馈到用户手机上以便用户使用。

（3）从使用成本分析，由于青花瓷一体化主打的是通过易于携带的小程序进行鉴别，这可以节省大量的人力、物力，因此，市场竞争力大大提高。

（4）从用户角度分析，从青花瓷一体化角度开发的程序可以给顾客提供青花瓷的估值作为参考以及辨别真假，避免用户的财产损失，能够有效提升用户的体验感受，提高用户回头率。

参考文献

[1] 赵恒谦，强加成，赵红蕊，等. 历代景德镇青花瓷光谱特征分析研究[J]. 光谱学与光谱分析，2019，39（03）：942-947.

[2] 吴隽，李家治，郭景坤等.景德镇历代青花瓷微量元素的研究[J]. 陶瓷学报，1998，（03）：134-136.

[3] 武锋强，杨武年，李丹. 基于高光谱成像与拉曼技术的艺术画颜料成分对比检测研究[J]. 矿物学报，2014，34（02）：166-170.

[4] 巩梦婷，冯萍莉. 高光谱成像技术在中国画颜料分类和识别上的应用初探——以光谱角填图（SAM）为例[J]. 文物保护与考古科学，2014，26（04）：76-83.

[5] 于庆华，陈典华. 清代青花瓷器发展探究[J]. 景德镇高专学报，2009，24（02）：120-121.

[6] 吴隽，罗宏杰，李家治，等. 中国古陶瓷的断源断代[J]. 硅酸盐学报，2007，（S1）：39-43.

[7] YU K N, MIAO J M. Multivariate analysis of the energy dispersive X-ray fluorescence results from blue and white Chinese porcelains[J]. Archaeometry, 1998, 40(2): 331-339.

[8] 邓文华. 浅谈数学猜想能力的培养[J]. 零陵学院学报，2005，（02）：126-127.

[9] HINTON G E, SALAKHUTDINOV R R. Reducing the dimensionality of data with neural networks[J]. science, 2006, 313(5786): 504-507.

[10] 郑远攀，李广阳，李晔. 深度学习在图像识别中的应用研究综述[J]. 计算机工程与应用，2019，55（12）：20-36.

[11] DENG J, DONG W, SOCHER R, et al. ImageNet: A large-scale

hierarchical image database[C]// IEEE conference on computer vision and pattern recognition, 2009: 248-255.

[12] SIMONYAN K, ZISSERMAN A. Very deep convolutional networks for large-scale image recognition[J]. ArXiv preprint arXiv: 1409.1556, 2014.

[13] HE K, ZHANG X, REN S, et al. Deep residual learning for image recognition[C]//Proceedings of the IEEE conference on computer vision and pattern recognition. 2016: 770-778.

[14] KRIZHEVSKY A, SUTSKEVER I, HINTON G E. ImageNet classification with deep convolutional neural networks[J]. Communications of the ACM, 2017, 60(6): 84-90.

[15] 栗科峰,黄全振. 融合深度学习与最大间距准则的人脸识别方法[J]. 计算机工程与应用, 2018, 54（05）: 206-210. 0020

[16] WU R, KAMATA S. A jointly local structured sparse deep learning network for face recognition[C]//2016 IEEE International Conference on Image Processing(ICIP). IEEE, 2016: 3026-3030.

[17] 刘吉,孙仁诚,乔松林. 深度学习在医学图像识别中的应用研究[J]. 青岛大学学报（自然科学版）, 2018, 31（01）: 69-74.

[18] MOHAMED A A, BERG W A, PENG H, et al. A deep learning method for classifying mammographic breast density categories[J]. Medical physics, 2018, 45(1): 314-321.

[19] CHENG G, YANG C, YAO X, et al. When deep learning meets metric learning: Remote sensing image scene classification via learning discriminative CNNs[J]. IEEE transactions on geoscience and remote sensing, 2018, 56(5): 2811-2821.

[20] 戴文渊. 基于实例和特征的迁移学习算法研究[D]. 上海：上海交通

大学，2009.

[21] 刘名赫. 基于深度学习的交通标志检测及识别[D]. 吉林：吉林大学，2021.

[22] 张旭亚. 基于特征提取和机器学习的医学图像分析[D]. 南京：南京邮电大学，2011.

[23] 吴沛达. 基于深度学习和注意力机制的高光谱图像分类[D]. 南京：南京邮电大学，2021.

[24] 苏哲. 基于深度学习的生活垃圾图像分类方法研究[D]. 兰州：西北师范大学，2021.

[25] 吴国琴. 迁移学习在图像分类中的应用研究[D]. 合肥：安徽大学，2017.

[26] PAN S J, YANG Q. A survey on transfer learning[J]. IEEE Transactions on knowledge and data engineering, 2009, 22(10): 1345-1359.

[27] 夏坚，周利君，张伟. 基于迁移学习与VGG16深度神经网络的建筑物裂缝检测方法[J]. 福建建设科技，2022，（01）：19-22.

[28] 张文博. 基于深度卷积神经网络的生活垃圾分类方法研究[D]. 西安：西京学院，2021.

[29] DAI W, YANG Q, XUE G R, et al. Boosting for transfer learning[C]// Proceedings of the 24th international conference on Machine learning. 2007: 193-200.

[30] HUANG J, GRETTON A, BORGWARDT K, et al. Correcting sample selection bias by unlabeled data[J]. Advances in neural information processing systems, 2006, 19.

[31] PENG Y, PENG L. A cooperative transmission strategy for body-area networks in healthcare systems[J]. IEEE Access, 2016, 4: 9155-9162.

[32] PAN S J, TSANG I W, KWOK J T, et al. Domain adaptation via transfer component analysis[J]. IEEE transactions on neural networks, 2010, 22(2): 199-210.

[33] CHEPLYGINA V, BRUIJINE M D, PLUIM J P W. Not-so-supervised: a survey of semi-supervised, multi-instance, and transfer learning in medical image analysis[J]. Medical image analysis, 2019, 54: 280-296.

[34] HAN D, LIU Q, FAN W. A new image classification method using CNN transfer learning and web data augmentation[J]. Expert Systems with Applications, 2018, 95: 43-56.

[35] FAN J Y, LEE J H, LEE Y K. A transfer learning architecture based on a support vector machine for histopathology image classification[J]. Applied Sciences, 2021, 11(14): 6380.

[36] HUGHES G. On the mean accuracy of statistical pattern recognizers[J]. IEEE transactions on information theory, 1968, 14(1): 55-63.

[37] LANDGREBE D A. Signal theory methods in multispectral remote sensing[M]. John Wiley & Sons, 2003.

[38] 杜培军,夏俊士,薛朝辉,等. 高光谱遥感影像分类研究进展[J]. 遥感学报,2016,20（02）:236-256.

[39] 陈彬,洪家荣,王亚东. 最优特征子集选择问题[J]. 计算机学报,1997,（02）:133-138.

[40] 骆仁波. 遥感图像的特征提取及其融合与分类研究[D]. 广州：华南理工大学,2017.

[41] 杨哲海,韩建峰,宫大鹏等. 高光谱遥感技术的发展与应用[J]. 海洋测绘,2003,（06）:55-58.

[42] 曹宁. 基于光谱成像的寺观壁画烟熏区域信息复原[D]. 北京：北京

建筑大学，2021.

[43] 闫馨方. 面向滇中典型农作物的高光谱遥感特性分析研究[D]. 昆明：昆明理工大学，2021.

[44] BAYER W, OCHS W. Quantum States with Maximum Information Entropy. I[J]. Zeitschrift für Naturforschung A, 1973, 28(5): 693-701.

[45] KENT J T. Information gain and a general measure of correlation[J]. Biometrika, 1983, 70(1): 163-173.

[46] CHAVEZ P S, BERLIN G L, SOWERS L B. Statistical method for selecting Landsat MSS ratios[J]. Journal of Applied Photographic Engineering, 1982, 8(1): 23-30.

[47] 刘春红,赵春晖,张凌雁. 一种新的高光谱遥感图像降维方法[J]. 中国图象图形学报，2005，（02）：218-222.

[48] 罗音，舒宁. 基于信息量确定遥感图像主要波段的方法[J]. 城市勘测，2002，（04）：28-32.

[49] ZHONG C, LI L, BU F. Study of modified band selection methods of hyperspectral image based on optimum index factor[C]//International Symposium on Optoelectronic Technology and Application 2014: Optical Remote Sensing Technology and Applications. SPIE, 2014, 9299: 246-251.

[50] LI X J, LIU J. An adaptive band selection algorithm for dimension reduction of hyperspectral images[C]//2009 International Conference on Image Analysis and Signal Processing. IEEE, 2009: 114-118.

[51] 赵英时等. 遥感应用分析原理与方法[M]. 北京：科学出版社，2003.

[52] 陈述彭等. 遥感信息机理研究[M]. 北京：科学出版社，1998.

[53] 田明璐. 西北地区冬小麦生长状况高光谱遥感监测研究[D]. 咸阳：西北农林科技大学，2017.

[54] 田庆久,闵祥军. 植被指数研究进展[J]. 地球科学进展,1998,(04): 10-16.

[55] 谭昌伟,郭文善,王纪华,等. 浅析遥感光谱特征参量的原理及基本方法[J]. 遥感技术与应用,2010,25(01): 155-160.

[56] LIU N, CHEN X, LI Q. Quantitative analysis of alteration mineral content and characteristic spectra of Hyperion image at oil and gas microseepage area[C]//2015 International Conference on Optical Instruments and Technology: Optoelectronic Imaging and Processing Technology. SPIE, 2015, 9622: 293-297.

[57] FRIEDMAN J H, TUKEY J W. A projection pursuit algorithm for exploratory data analysis[J]. IEEE Transactions on computers, 1974, 100(9): 881-890.

[58] LEI T C, WAN S, CHOU T Y. The comparison of PCA and discrete rough set for feature extraction of remote sensing image classification–A case study on rice classification, Taiwan[J]. Computational Geosciences, 2008, 12: 1-14.

[59] LI R F, WANG X Z. Dimension reduction of process dynamic trends using independent component analysis[J]. Computers & Chemical Engineering, 2002, 26(3): 467-473.

[60] LI C F, LIU L, LEI Y M, et al. Clustering for HSI hyperspectral image with weighted PCA and ICA[J]. Journal of Intelligent & Fuzzy Systems, 2017, 32(5): 3729-3737.

[61] CUI M, PRASAD S, LI W, et al. Locality preserving genetic algorithms for spatial-spectral hyperspectral image classification[J]. IEEE Journal of Selected Topics in Applied Earth Observations and Remote Sensing, 2013, 6(3): 1688-1697.

[62] ZHANG Y, PRASAD S. Locality preserving composite kernel feature extraction for multi-source geospatial image analysis[J]. IEEE Journal of Selected Topics in Applied Earth Observations and Remote Sensing, 2014, 8(3): 1385-1392.

[63] SHANKAR B U, MEHER S K, GHOSH A. Wavelet-fuzzy hybridization: feature-extraction and land-cover classification of remote sensing images[J]. Applied Soft Computing, 2011, 11(3): 2999-3011.

[64] SOJASI S, YOUSEFI B, LIAIGRE K, et al. The role of the continuous wavelet transform in mineral identification using hyperspectral imaging in the long-wave infrared by using SVM classifier[C]// Thermosense: Thermal Infrared Applications XXXIX. SPIE, 2017, 10214: 392-398.

[65] 叶宏明. 中国瓷器的起源[J]. 天津大学学报, 1995, (04): 439-449.

[66] 安金槐. 对于我国瓷器起源问题的初步探讨[J]. 考古, 1978, (03): 189-194.

[67] 李耀柄. 连载2 中国瓷器的时代特征——新石器时代的陶(一)[J]. 紫禁城, 2004, (02): 120-125.

[68] 李辉柄. 中国瓷器的时代特征商至汉代的陶瓷(二)[J]. 紫禁城, 2004, (05): 112-118.

[69] 李辉柄. 中国瓷器的时代特征三国两晋南北朝的瓷器(二)[J]. 紫禁城, 2004, (06): 110-116.

[70] 李辉柄. 中国瓷器的时代特征连载(七)隋唐五代时期的瓷器[J]. 紫禁城, 2005, (01): 166-177.

[71] 李辉柄. 中国瓷器的时代特征连载(八)两宋时期的瓷器[J]. 紫禁城, 2005, (02): 182-193.

[72] 李辉柄. 中国瓷器的时代特征连载（九）——元代的瓷器[J]. 紫禁城, 2005, （04）: 162-171.

[73] 李辉柄. 中国瓷器的时代特征连载（十）——明清时代的瓷器[J]. 紫禁城, 2005, （06）: 154-178.

[74] 陈士龙. 瓷器鉴藏全书[M]. 北京: 中央编译出版社, 2017.

[75] 叶宏明, 劳法盛, 李国桢, 季来珍, 叶国珍. 南宋官窑青瓷的研究[J]. 硅酸盐学报, 1983, （01）: 19-32.

[76] 崔瑛. 非物质文化遗产视角下耀州窑制瓷工艺的保护和传承研究[D]. 西安: 西安外国语大学, 2011.

[77] 郑晓娜. 论青花瓷的起源及艺术特色[J]. 旅游纵览(行业版), 2012, （04）: 52.

[78] 刘拾云. 青花瓷的起源与发展[J]. 陶瓷研究, 1999, （03）: 47-51.

[79] 付洋. 青花色料的传承、发展与对比研究[D]. 景德镇: 景德镇陶瓷大学, 2021.

[80] 胡强. 元明清民国青花瓷装饰艺术的题材及鉴赏审美研究[J]. 景德镇学院学报, 2017, 32（04）: 132-135.

[81] 唐建. 中国古代瓷器鉴定实例[M]. 北京: 紫禁城出版社, 2009: 206-210.

[82] 曹建文, 周浩. 论景德镇元青花瓷器真伪鉴定[J]. 中国美术馆, 2012, （08）: 29-33.

[83] 郭丽, 胡志恒, 赵恒谦, 等. 基于网络爬虫的青花瓷文物图像数据集设计与构建[J]. 科技资讯, 2021, 19（22）: 15-18.

[84] 张驰, 郭媛, 黎明. 人工神经网络模型发展及应用综述[J]. 计算机工程与应用, 2021, 57（11）: 57-69.

[85] HE K, ZHANG X, REN S, et al. Deep residual learning for image recognition[C]//Proceedings of the IEEE conference on computer

vision and pattern recognition. 2016: 770-778.

[86] 范新磊. 安全帽智能检测算法研究[D]. 烟台：山东工商学院，2022.

[87] 陈尧成，张福康，张筱薇，等. 唐代青花瓷用钴料来源研究[J]. 中国陶瓷，1995，（02）：43-47.

[88] 王健华. 明初青花瓷发展的原因及特点[J]. 故宫博物院院刊，1998，（01）：75-82.

[89] ZHOU S, CHENG J L, HUANG M X, et al. Assessing reclamation levels of coastal saline lands with integrated stepwise discriminant analysis and laboratory hyperspectral data[J]. Pedosphere, 2006, 16(2): 154-160.

[90] BAEVSKY R M, CHERNIKOVA A G, FUNTOVA I I, et al. Assessment of individual adaptation to microgravity during long term space flight based on stepwise discriminant analysis of heart rate variability parameters[J]. Acta Astronautica, 2011, 69(11-12): 1148-1152.

[91] PETALAS C, ANAGNOSTOPOULOS K. Application of stepwise discriminant analysis for the identification of salinity sources of groundwater[J]. Water resources management, 2006, 20: 681-700.

[92] 张菊连，沈明荣. 基于逐步判别分析的砂土液化预测研究[J]. 岩土力学，2010，31（S1）：298-302.

[93] LI H, LIANG Y, XU Q, et al. Key wavelengths screening using competitive adaptive reweighted sampling method for multivariate calibration[J]. Analytica chimica acta, 2009, 648(1): 77-84.

[94] 许童羽，金忠煜，郭忠辉，等. 基于 CARS-RUN-ELM 算法的水稻叶片氮磷含量协同反演方法[J]. 农业工程学报，2022，38（10）：148-155.

[95] 路皓翔，张静，李灵巧，等.最小角回归结合竞争性自适应重加权采样的近红外光谱波长选择[J].光谱学与光谱分析，2021，41（06）：1782-1788.

[96] 王翠秀，曹见飞，顾振飞，等.基于近红外光谱大豆蛋白质、脂肪快速无损检测模型的优化构建[J].大豆科学，2019，38（06）：968-976.

[97] 田捷等.集成化医学影像算法平台理论与实践[M].北京：清华大学出版社，2004.

[98] 陈武凡.小波分析及其在图像处理中的应用[M].北京：科学出版社，2002.

[99] VOHLAND M, LUDWIG M, HARBICH M, et al. Using variable selection and wavelets to exploit the full potential of visible–near infrared spectra for predicting soil properties[J]. Journal of Near Infrared Spectroscopy, 2016, 24(3): 255-269.

[100] WANG G, FANG Q, TENG Y, et al. Determination of the factors governing soil erodibility using hyperspectral visible and near-infrared reflectance spectroscopy[J]. International journal of applied earth observation and geoinformation, 2016, 53: 48-63.

[101] 于雷，洪永胜，周勇，等.连续小波变换高光谱数据的土壤有机质含量反演模型构建[J].光谱学与光谱分析，2016，36（05）：1428-1433.

[102] 周唯.眼底图像目标检测与智能分析诊断方法研究[D].沈阳：东北大学，2018.

[103] 周唯，吴成东.视网膜图像中的黄斑中心检测[J].中国图象图形学报，2018，23（03）：442-449.

[104] CUTLER A, CUTLER D R, Stevens J R. Random forests[J].

Ensemble machine learning: Methods and applications, 2012: 157-175.

[105] 王晓青. X 集团现金流精细化管理研究[D]. 上海：上海交通大学，2016.

[106] 纪宇楠. 基于随机森林构建滤泡型甲状腺癌远处转移预测模型[D]. 沈阳：中国医科大学，2018.

[107] HOCHREITER S, SCHMIDHUBER J. Long short-term memory[J]. Neural computation, 1997, 9(8): 1735-1780.

[108] 程亚红, 郑鹏, 刘栋梁, 等. 基于 LSTM 网络的在线圆度预测[J]. 组合机床与自动化加工技术，2022，（10）：37-39.

[109] 孟雪. 基于股票评论的投资者情绪对股票收益率影响研究[D]. 曲阜：曲阜师范大学，2021.

[110] 彭玉凤. 基于高光谱成像技术的苹果树叶片褐斑病严重度诊断模型[D]. 泰安：山东农业大学，2021.

[111] SAVITZKY A, GOLAY M J E. Smoothing and differentiation of data by simplified least squares procedures[J]. Analytical chemistry, 1964, 36(8): 1627-1639.

[112] 王力. 基于 DS 证据理论的多传感器数据融合算法研究与应用[D]. 太原：太原理工大学，2015.

[113] 王耀南, 李树涛. 多传感器信息融合及其应用综述[J]. 控制与决策，2001，（05）：518-522.

[114] 赵恒谦, 李坤恒, 郭丽, 等. 基于便携式地物光谱仪的常见宝玉石材质反射率光谱特征分析[J]. 矿物岩石，2021，41（02）：1-12.

附录 本书部分彩图

图 3.5 青花瓷文物图像整体裁剪结果图
（以明宣德时期部分样本为例）

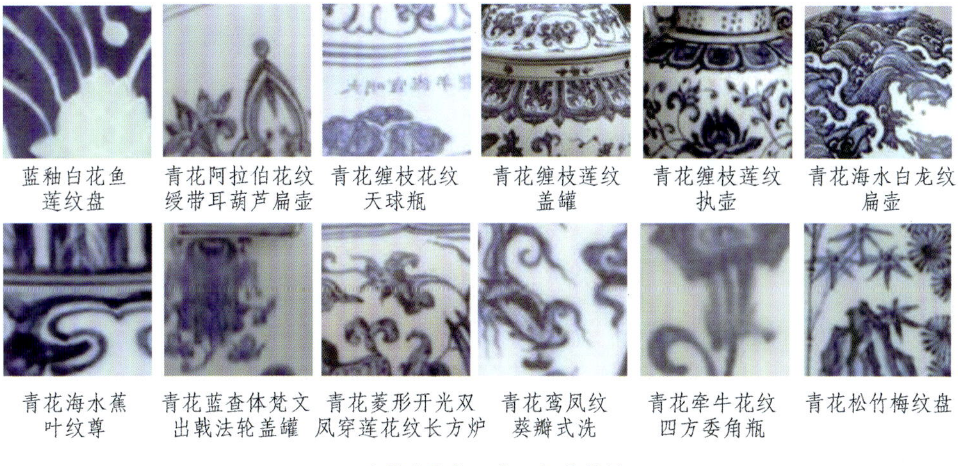

图 3.6 青花瓷文物图像局部裁剪结果图
（以明宣德时期部分样本为例）

· 193 ·

图 3.7　青花瓷文物图像数据增强结果图
（以明宣德时期部分样本为例）

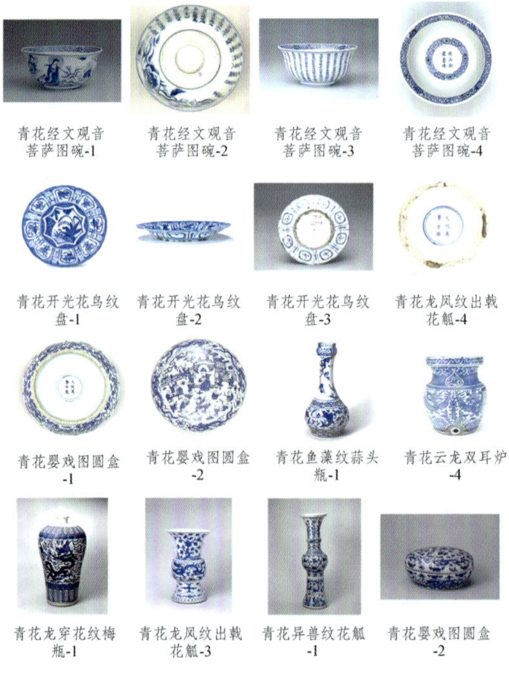

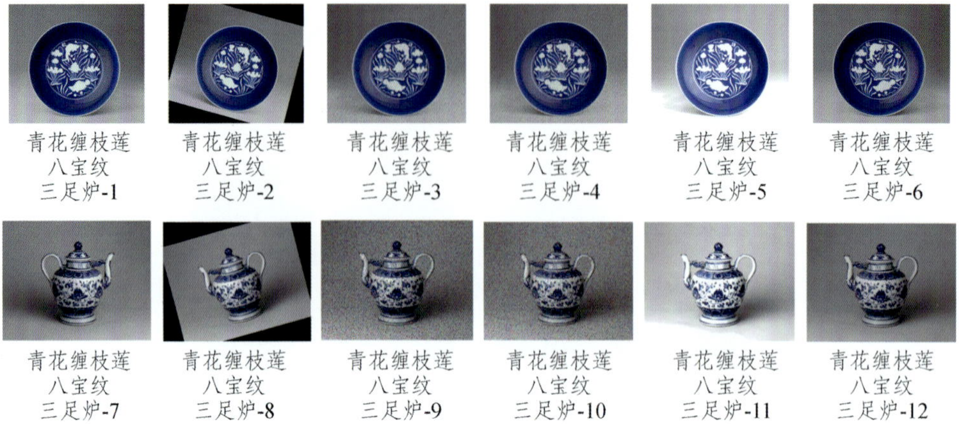

图 3.8　改变亮度值后的青花瓷文物图像
（以明万历时期部分样本为例）

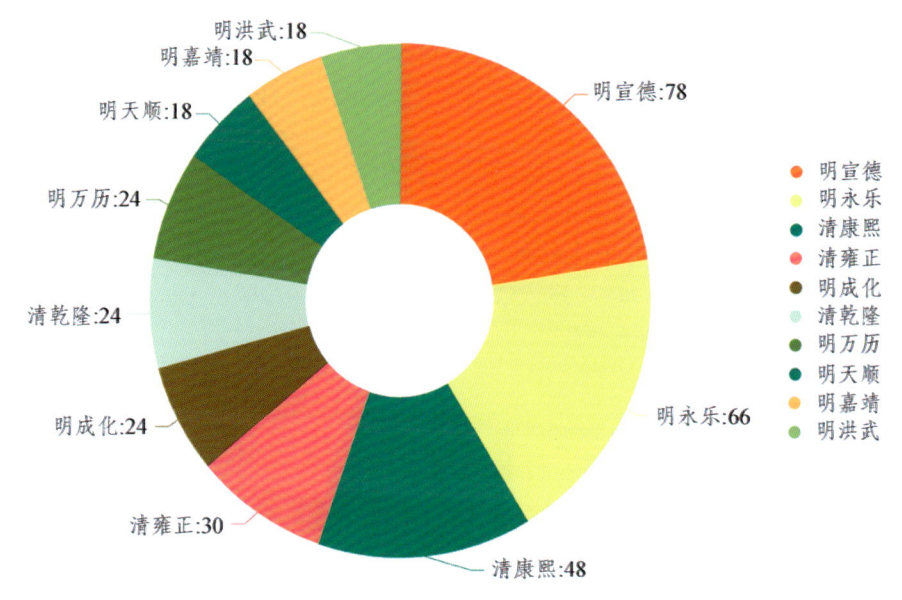

图 3.10 青花瓷图像原始数据集

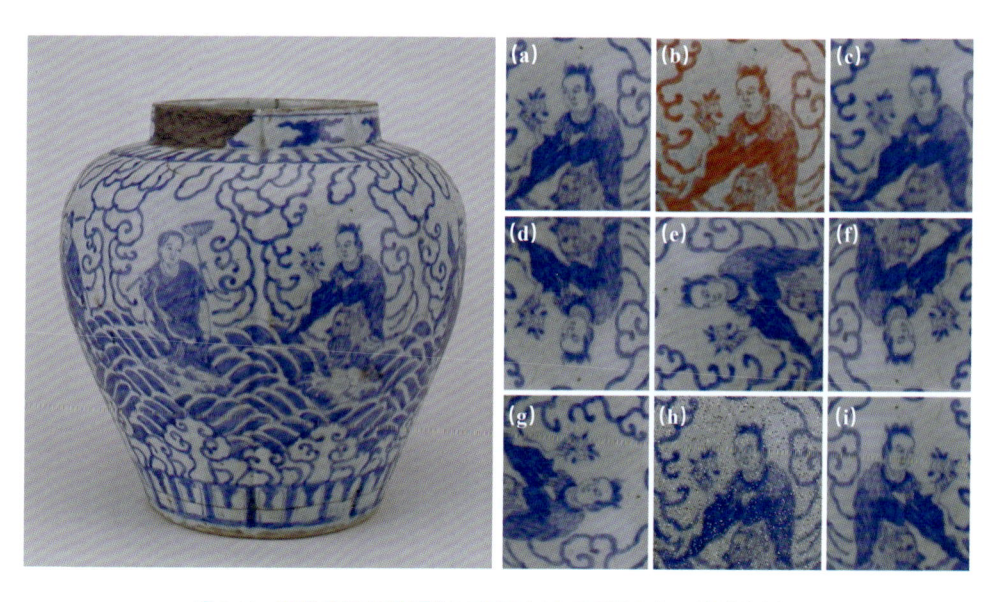

图 3.11 增强后图像数据集示意图（以明天顺青花八仙罐为例）
注：左图为归一化处理得到的青花瓷整体图像，
右图（a）~（i）为处理得到的青花瓷细节样本图。

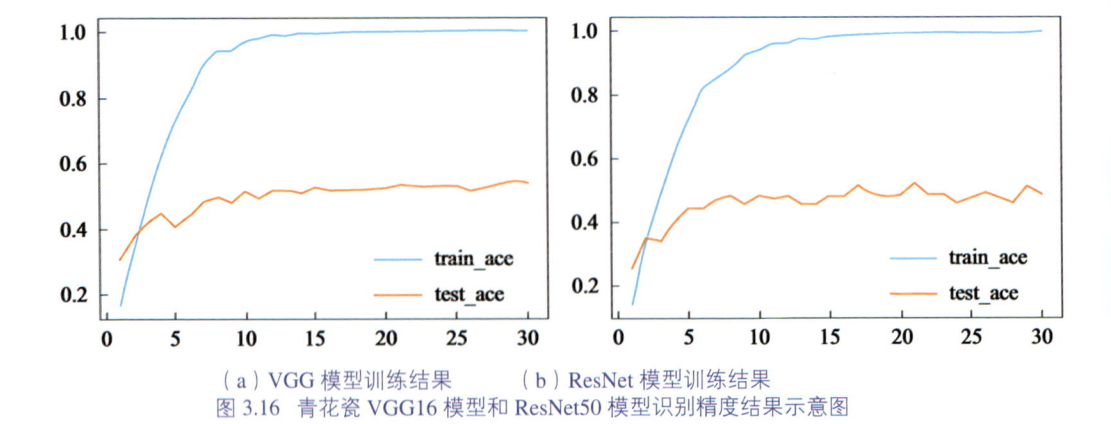

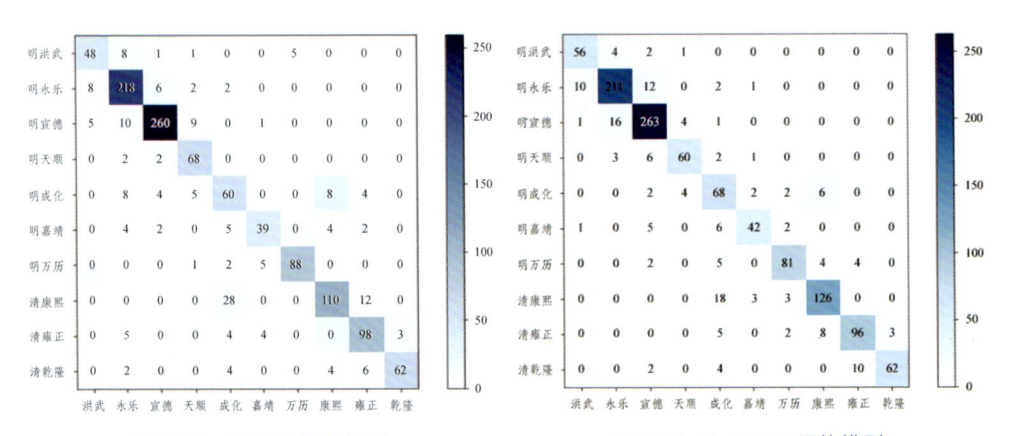

(a) VGG 模型训练结果　　　(b) ResNet 模型训练结果
图 3.16　青花瓷 VGG16 模型和 ResNet50 模型识别精度结果示意图

图 3.17　VGG16 网络模型
对不同年代测试集分类结果
注：洪武—万历属明代，康熙—乾隆属清代。

图 3.18　ResNet50 网络模型
对不同年代测试集分类结果
注：洪武—万历属明代，康熙—乾隆属清代。

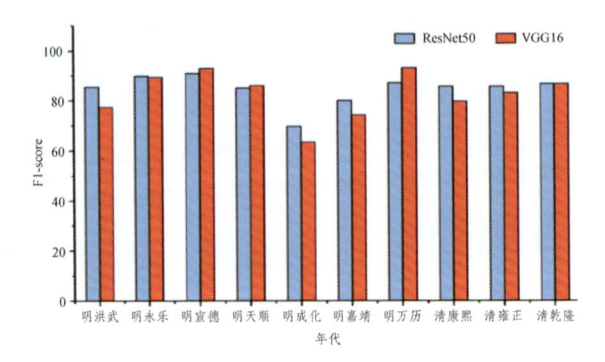

图 3.21　VGG16 和 ResNet50 网络模型分类精度对比（F1-score）

· 196 ·

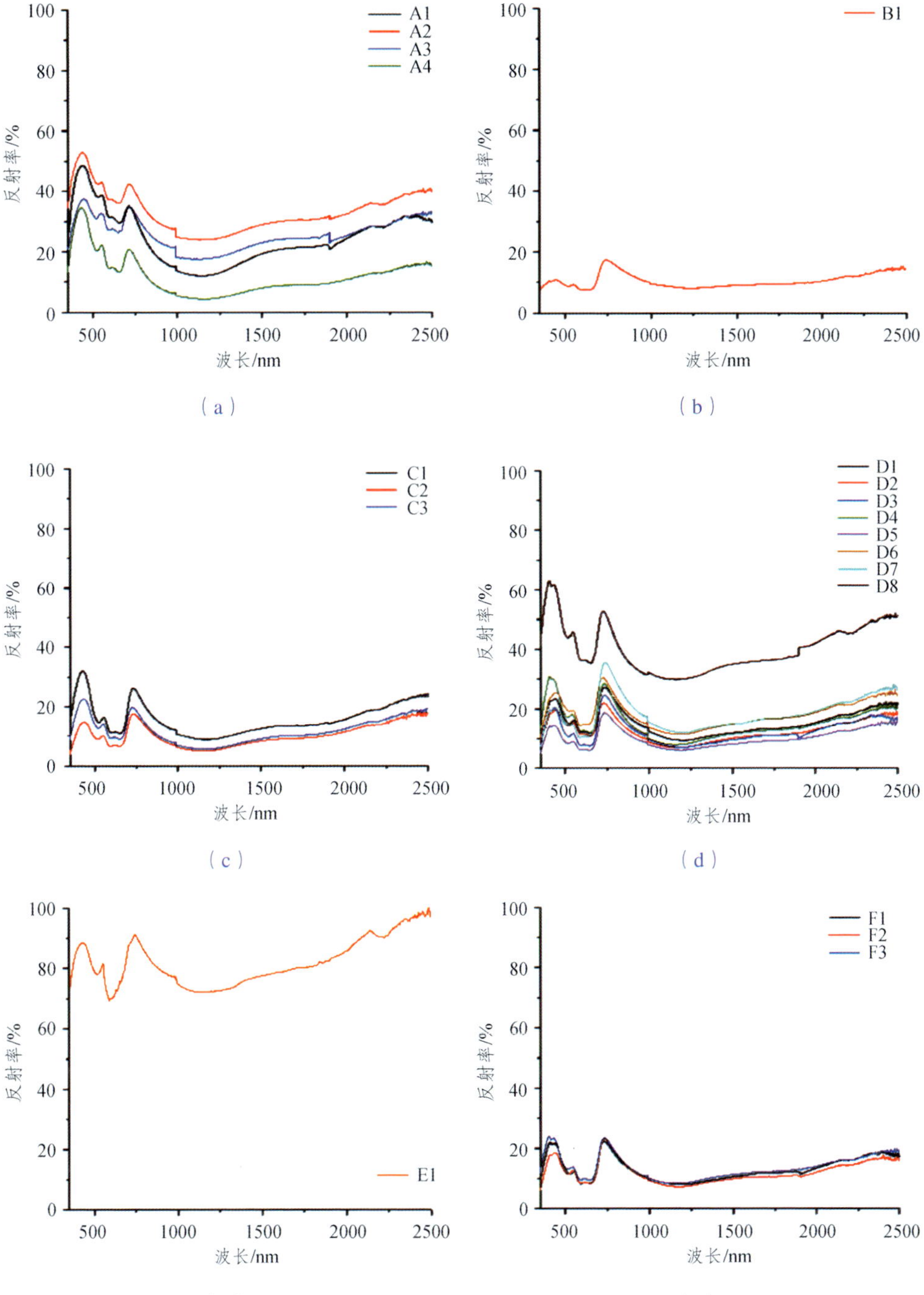
A1
A2
A3
A4
反射率/%
波长/nm
(a)
B1
反射率/%
波长/nm
(b)
C1
C2
C3
反射率/%
波长/nm
(c)
D1
D2
D3
D4
D5
D6
D7
D8
反射率/%
波长/nm
(d)
E1
反射率/%
波长/nm
(e)
F1
F2
F3
反射率/%
波长/nm
(f)

(g)

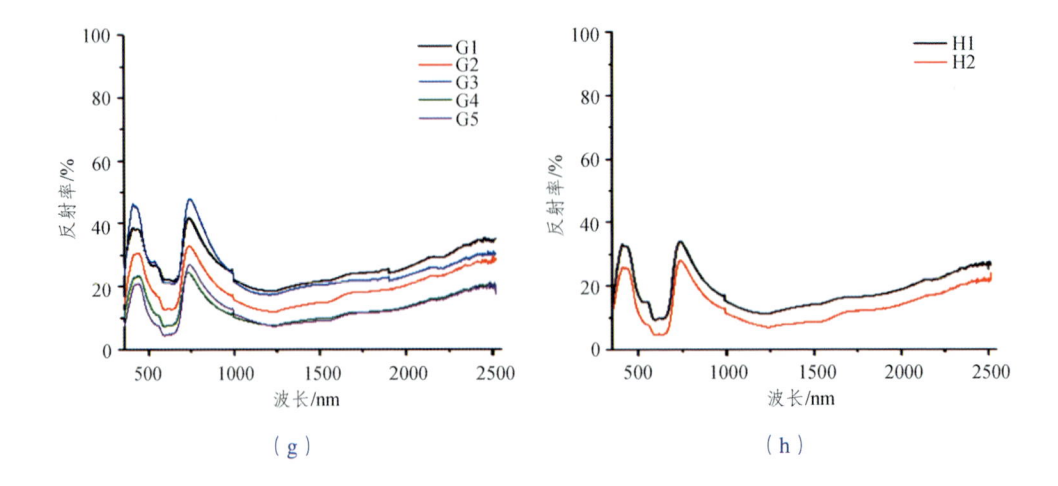

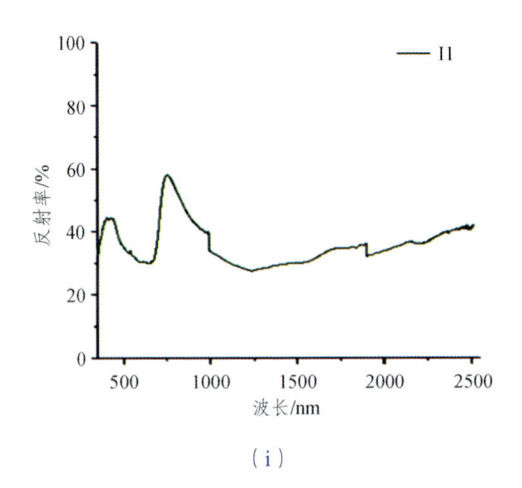

(h)

(i)

图 4.2 不同类别青花瓷样本青花料反射率光谱（350~2500 nm）
注：图中序号含义参照表 4.2 青花瓷碎片样本信息汇总表。

(a)

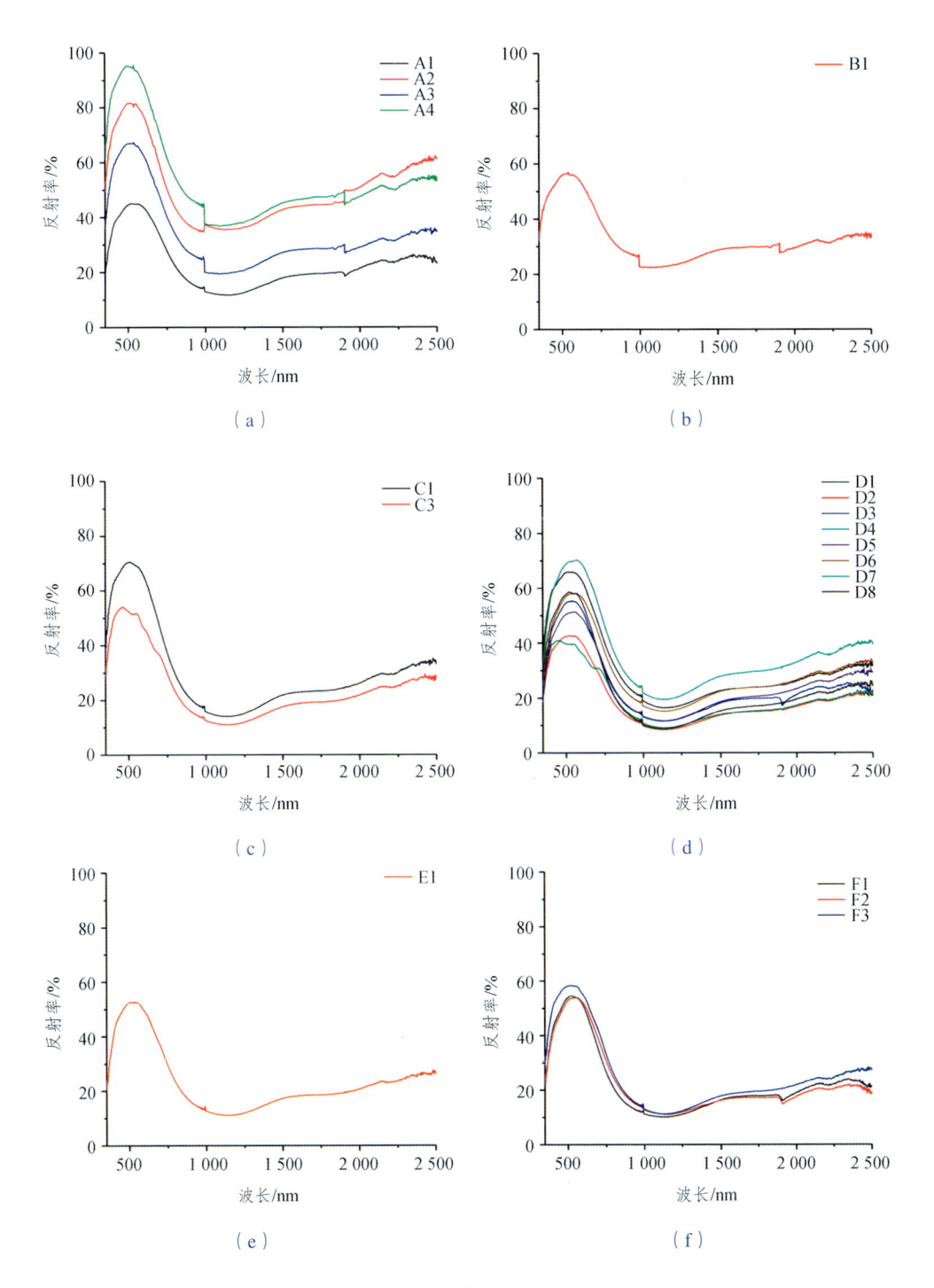

(b)

(c)

(d)

(e)

(f)

(g)

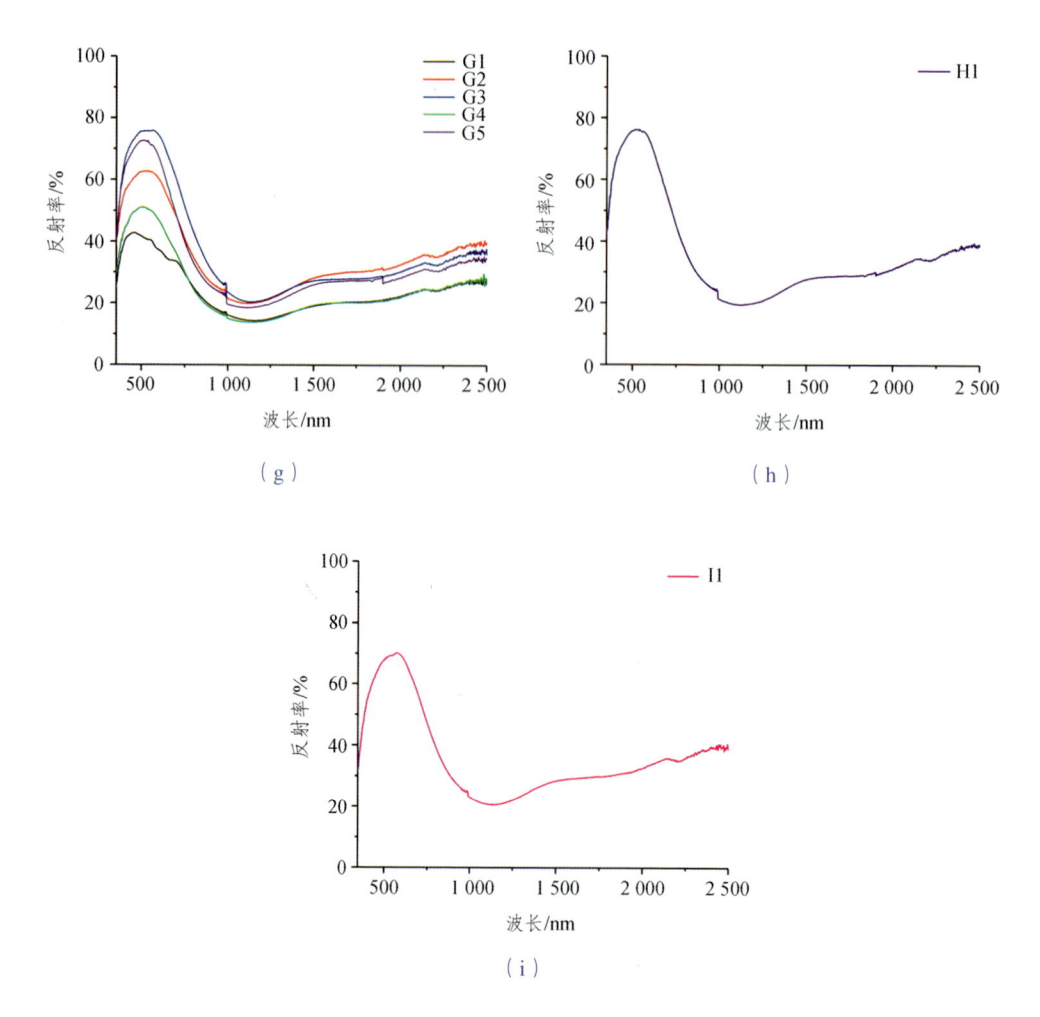

(h)

(i)

图 4.3 不同类别青花瓷样本胎釉反射率光谱（350~2500 nm）
注：图中序号含义参照表 4.2 青花瓷碎片样本信息汇总表。

(a)

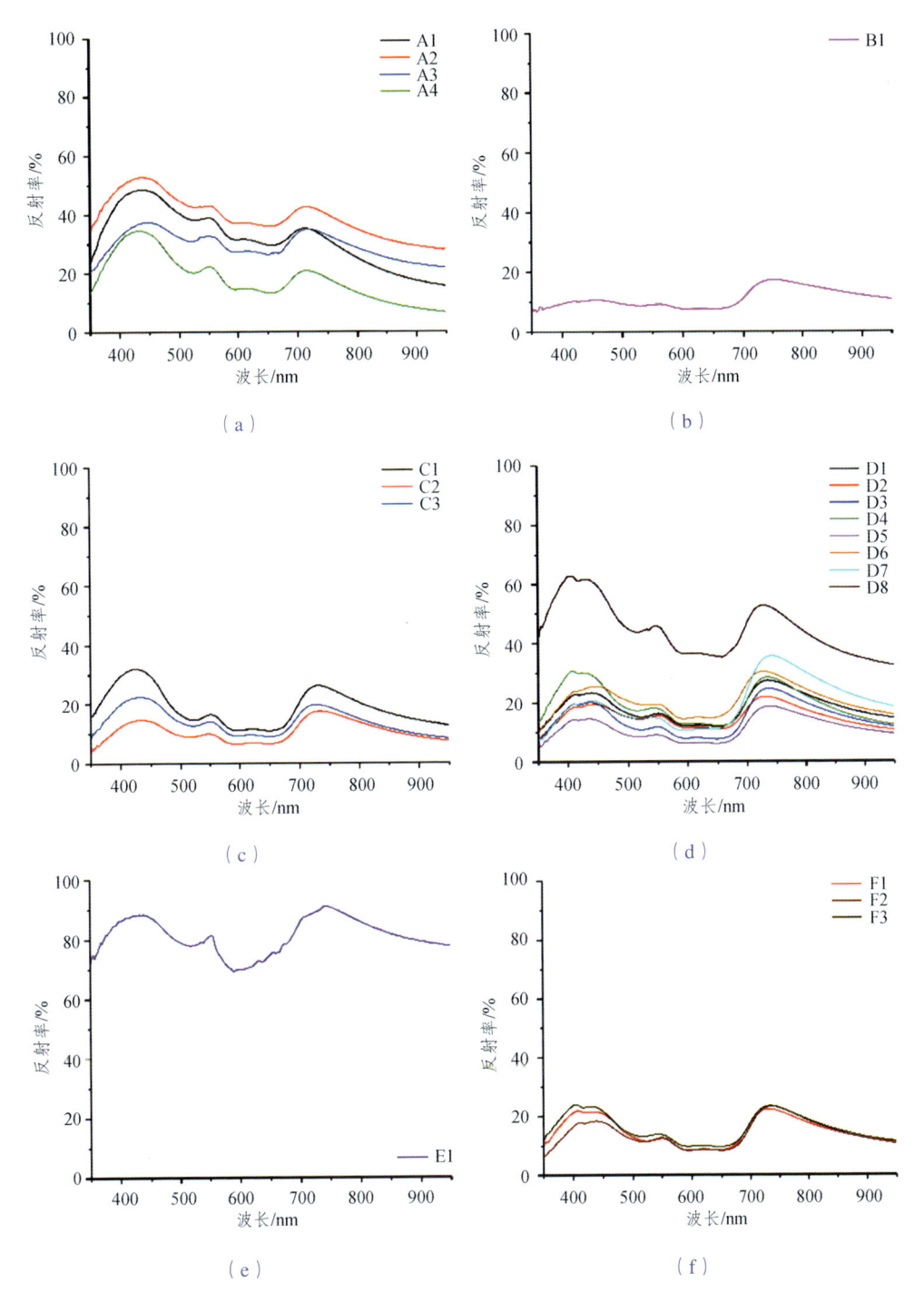

(b)

(c)

(d)

(e)

(f)

·201·

(g)

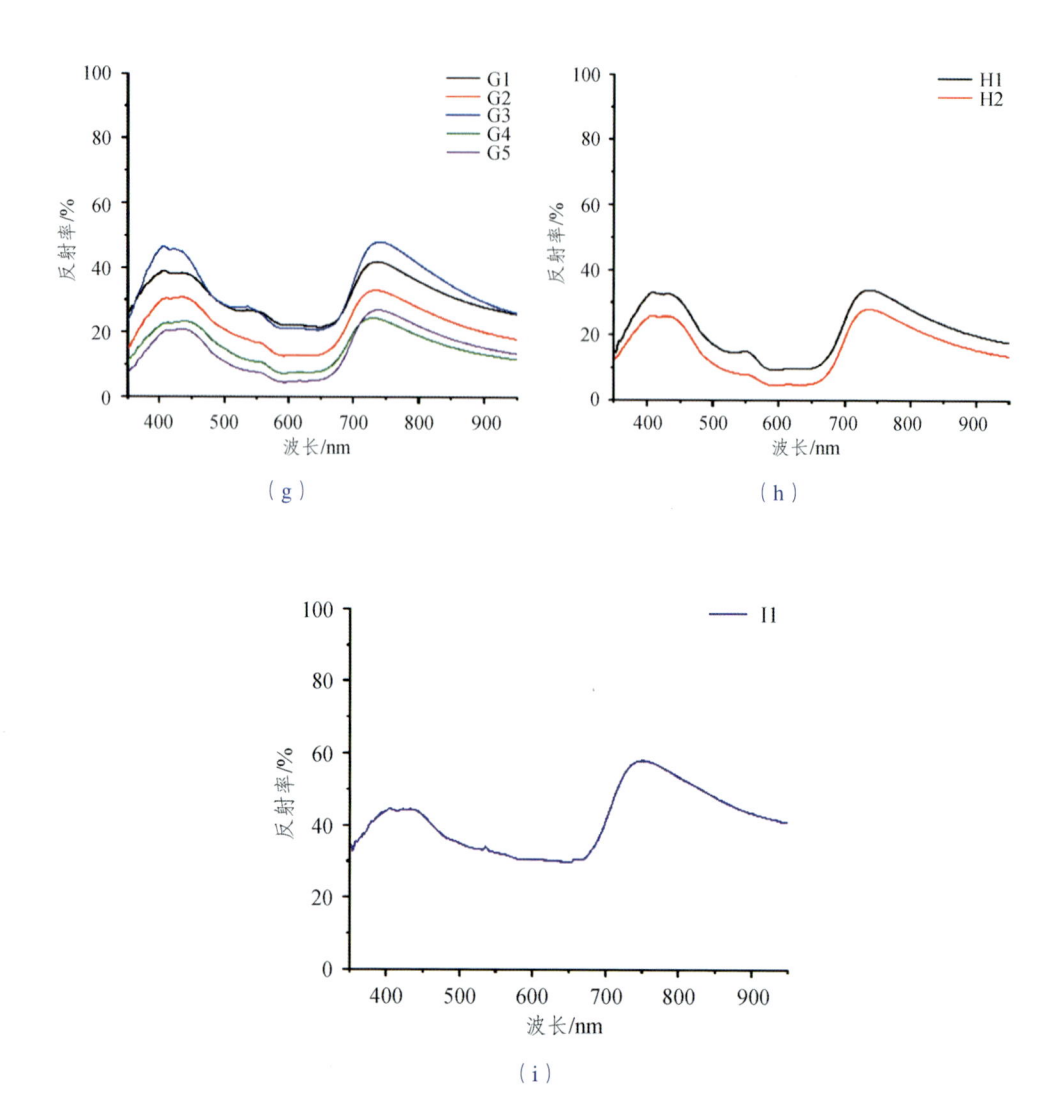

(h)

(i)

图 4.4 不同类别青花瓷样本青花料反射率光谱（350~950 nm）
注：图中序号含义参照表 4.2 青花瓷碎片样本信息汇总表。

（a）逐步判别分析-RF　　　　　　　　　（b）CARS-RF

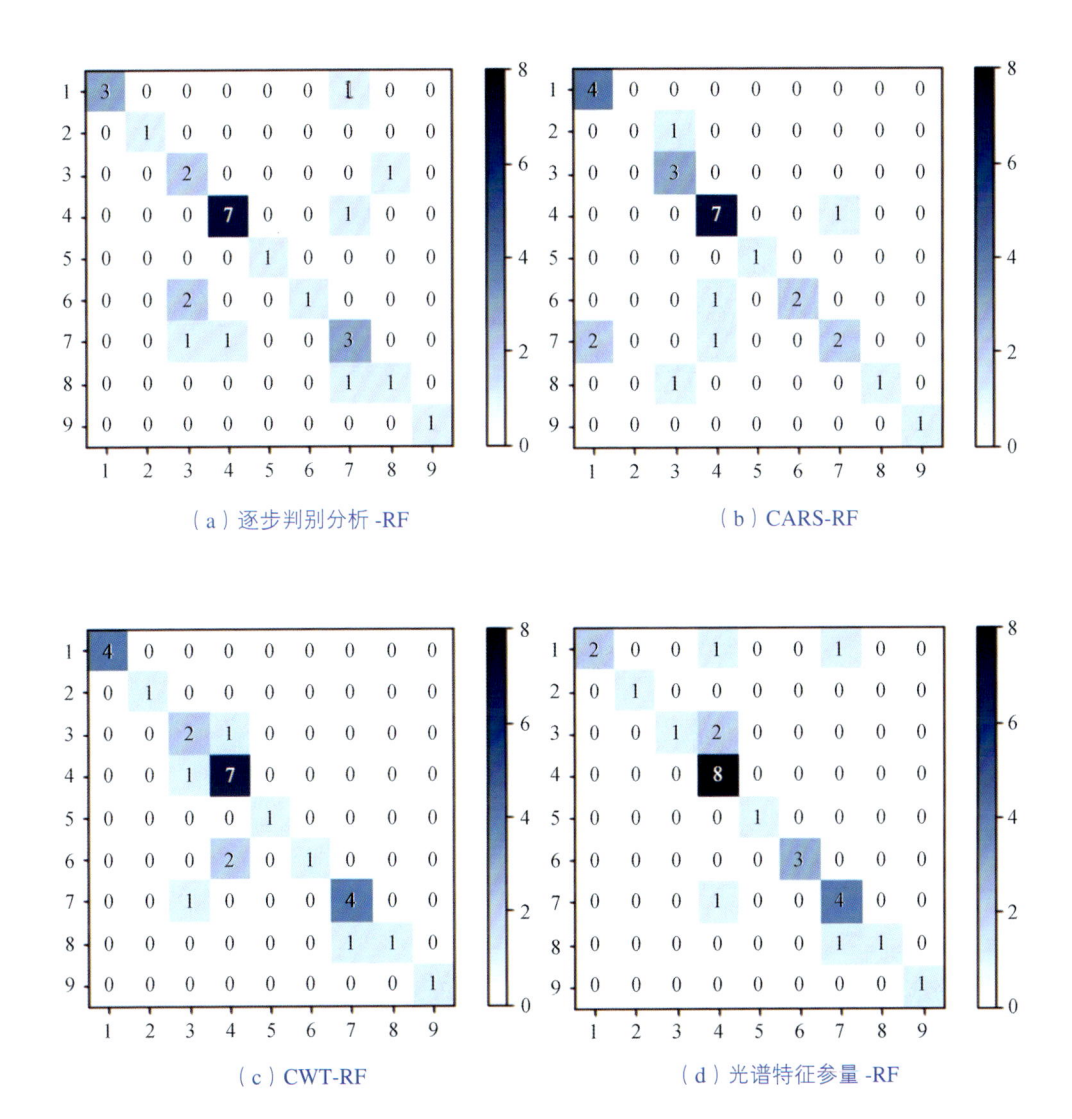

（c）CWT-RF　　　　　　　　　（d）光谱特征参量-RF

图 4.16　随机森林分类混淆矩阵结果图

（a）逐步判别分析-LSTM　　　　　　（b）CARS-LSTM

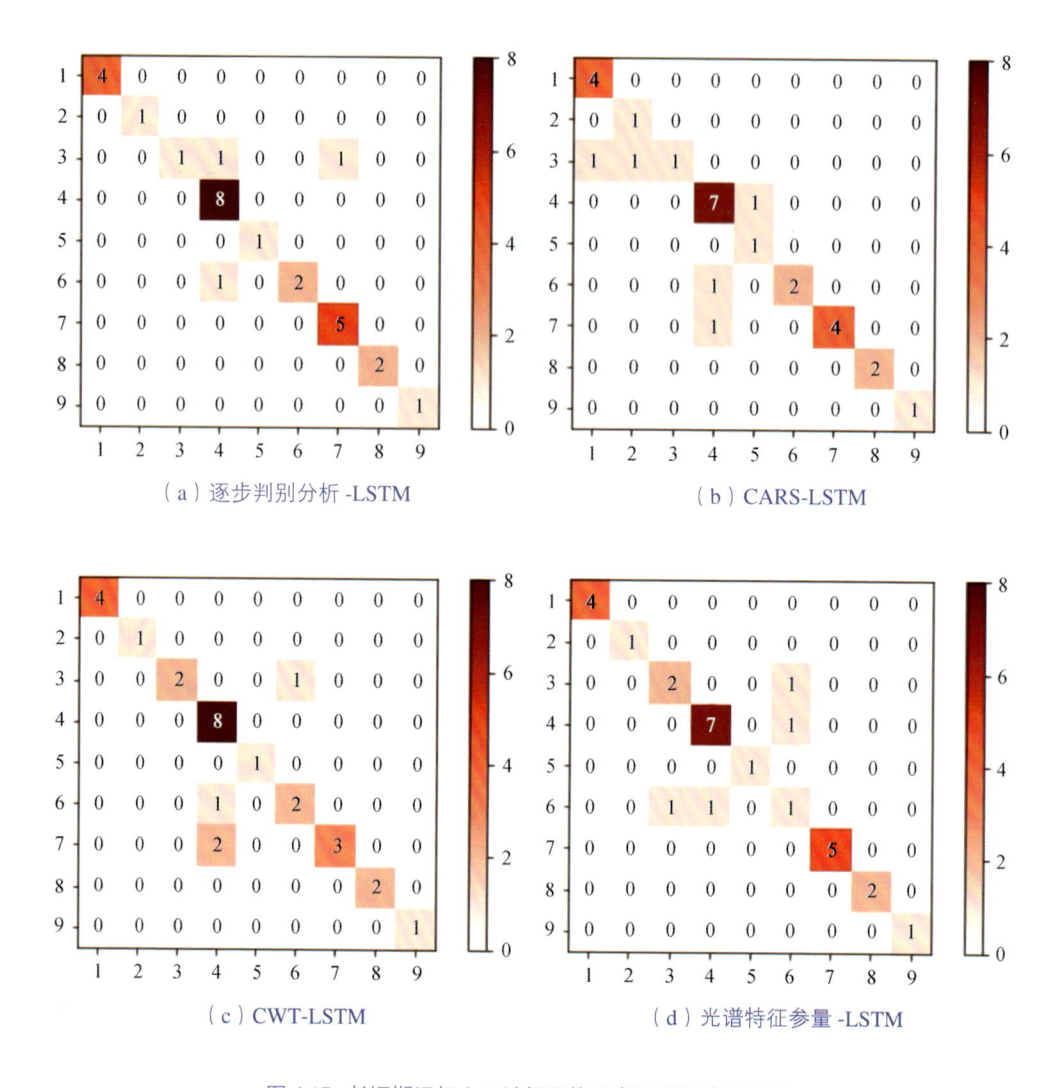

（c）CWT-LSTM　　　　　　（d）光谱特征参量-LSTM

图 4.17　长短期记忆人工神经网络分类混淆矩阵结果图

·204·

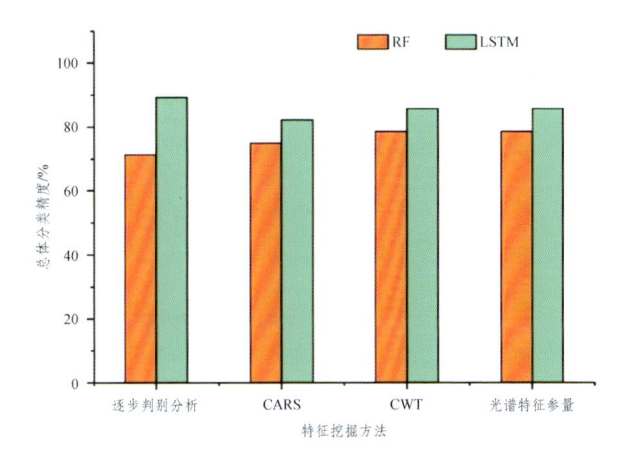

图 4.18 不同分类方法总体分类精度

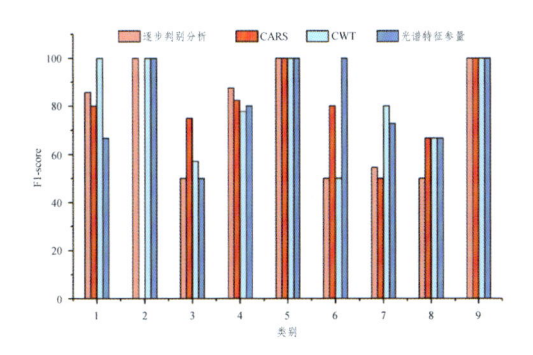

图 4.19 RF 对不同年代景德镇青花瓷非成像光谱数据分类精度对比（F1-score）

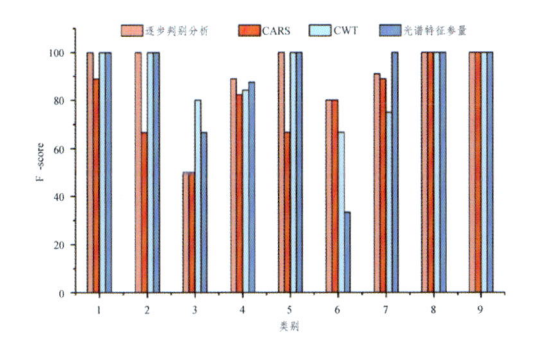

图 4.20 LSTM 对不同年代景德镇青花瓷非成像光谱数据分类精度对比（F1-score）

·205·

图 5.1 高光谱图像立方体示意图

（a）明万历　　　（b）明嘉靖　　　（c）明成化　　　（d）清康熙

图 5.3 不同历史时期景德镇青花瓷样本展示

（a）明万历　　　（b）明嘉靖　　　（c）明成化　　　（d）清康熙

图 5.4 不同历史时期青花瓷样本高光谱图像立方体

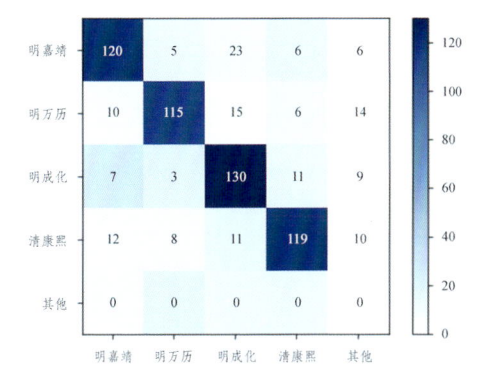

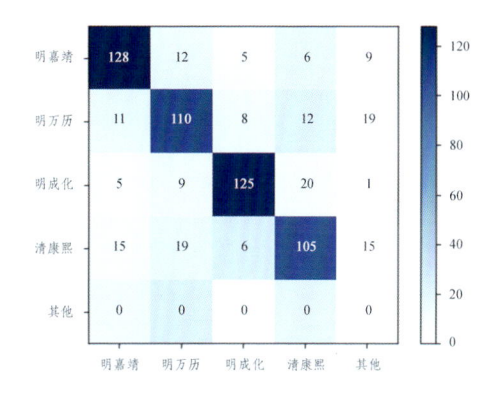

图 5.10 VGG16 网络模型对测试集分类混淆矩阵　　图 5.11 ResNet50 网络模型对测试集分类混淆矩阵

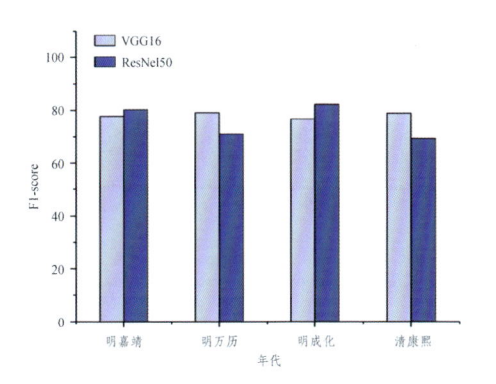

图 5.14 VGG16 和 ResNet50 网络模型分类精度对比（F1-score）

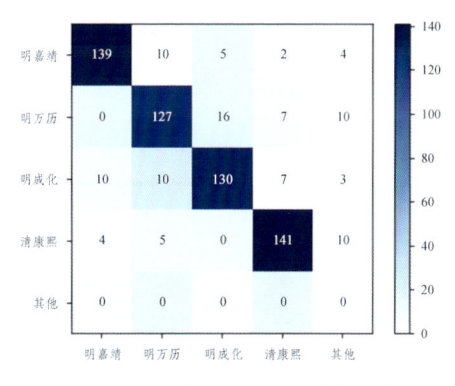

图 5.16 逐步判别分析 -LSTM 分类混淆矩阵

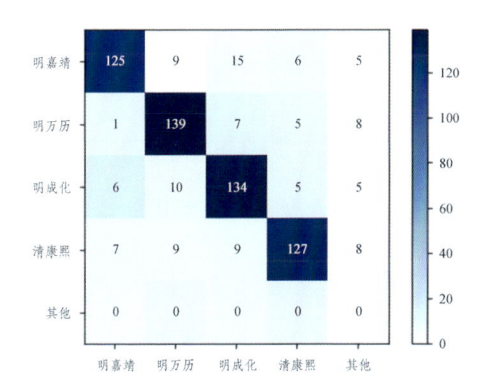

（a）融合 VGG16 网络模型和逐步判别分析结合 LSTM 算法

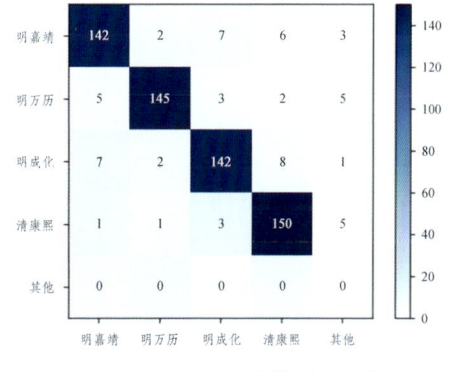

（b）融合 ResNet50 网络模型和逐步判别分析结合 LSTM 算法

图 5.19 经 DS 证据理论融合信息后的分类混淆矩阵

·207·

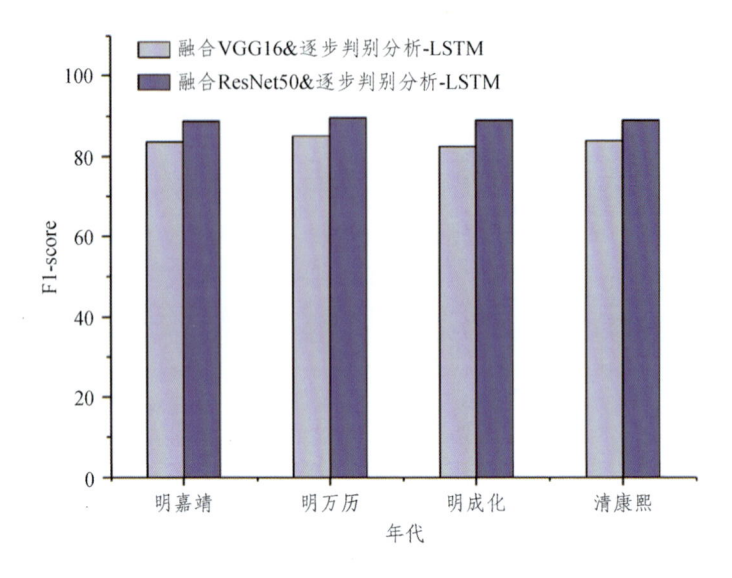

图 5.20 经 DS 证据理论融合信息后的分类精度（F1-score）

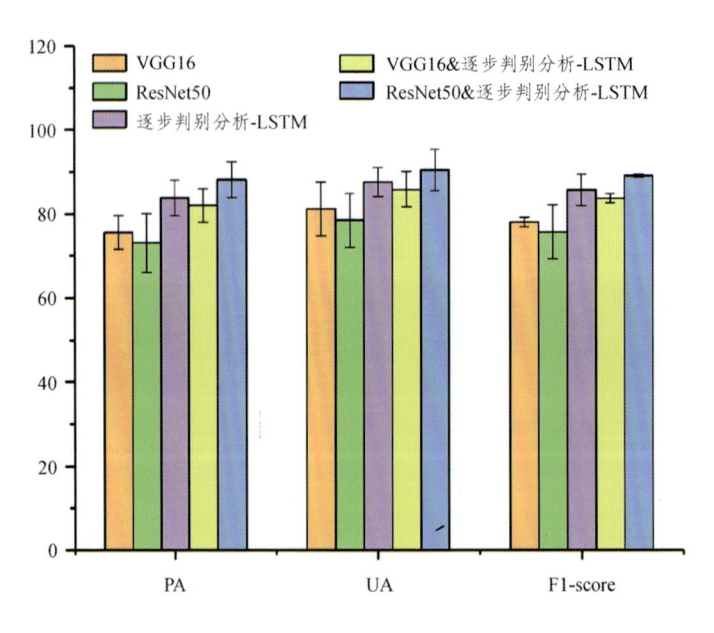

图 5.21 不同方法多分类评价指标精度比较